星云大师演讲集 03

佛法与义理

星云大师 著

生活·读书·新知三联书店

Copyright © 2015 by SDX Joint Publishing Company
All Rights Reserved.
本作品版权由生活·读书·新知三联书店所有。
未经许可，不得翻印。
本书由上海大觉文化传播有限公司独家授权出版中文简体字版。

图书在版编目(CIP)数据

佛法与义理／星云大师著．—北京：生活·读书·新知三联书店，
2015.4
（星云大师演讲集）
ISBN 978-7-108-05245-2

Ⅰ.①佛… Ⅱ.①星… Ⅲ.①佛教－通俗读物 Ⅳ.①B94-49

中国版本图书馆 CIP 数据核字(2015)第 020131 号

责任编辑	麻俊生
封面设计	储 平
责任印制	卢 岳　张雅丽
出版发行	生活·读书·新知 三联书店
	（北京市东城区美术馆东街 22 号）
邮　编	100010
印　刷	三河市嘉科万达彩色印刷有限公司
版　次	2015 年 4 月北京第 1 版
	2015 年 4 月北京第 1 次印刷
开　本	880 毫米×1230 毫米　1/32　印张　6.375
字　数	136 千字
印　数	0,001—8,000 册
定　价	28.00 元

总序　人间佛教正法久住

我们生活在人间,人间有男女老少,人间有五欲六尘,人间有生老病死,人间有悲欢离合。在缺憾的世间,我们如何获得欢喜自在?如何发挥生命的价值?如何拥有安乐的生活?这是我们所要探讨的课题。

佛陀降诞人间,示教利喜,为人间开启了光明与希望;佛陀依五乘佛法,建立了"五戒十善""中道缘起""因缘果报""四无量心""六度四摄"等人间佛教的基本思想。

为了适应时代的发展,我们创办文化、教育、慈善等事业,提出"传统与现代融和""僧众与信众共有""修持与慧解并重""佛教与艺文合一"等弘法方向。多年来,以"佛法为体、世学为用"作为宗旨,人间佛教渐渐蔚然有成,欣见大家高举人间佛教的旗帜,纷纷走出山林,投入社会公益活动,实践佛教慈悲利他的本怀。

2004年,我曾在香港和台北作例行的年度"佛学讲座",三天的讲题分别为"佛教的生命学""佛教的生死学""佛教的生活学"。我言:生命为"体",作为本体的生命,是不增不减、永恒存在、绝对、无限、正常的;生死为"相",每个生命所显露的现象,是有生有灭、变化无常、相对、有限、非常的;生活是"用",生命从生到死,其中的食衣住行、言行举止、身心活动等等,无一不是生命的作用。因此,体、相、用,三者密不可分。我们既来到世间生活,就有生命,有生命就有生死,三者是一体的,其关系极为密切。因此,整个人间佛教可以说就是"生命学""生死学""生活学"。

之后,我在世界各地演讲《人间佛教的戒、定、慧三学》。所谓戒定慧,有谓由戒生定,由定发慧,由慧趣入解脱,是学佛的次第;在人间生活,更需要断除烦恼才能获得究竟的妙智,才能自在悠游于人间!

1949年,我从中国大陆来到台湾之后,为了适应广大民众的需求,毅然采取面对面的讲说弘法。从宜兰乡村的弘法,到城市各处的聚会;从监狱的开示,到工厂的布教。1975年,在台北艺术馆举行佛学讲座,首开在"国家会堂"演讲佛学之风。接下来,我弘法的脚步,由北至南,由西至东,从学校到部队,从岛内到岛外。近二十年来,随着弘法的国际化,我更是终年在世界各地云水行脚,奔波结缘。

演讲的对象,有一般男女老少的信众,也有大专青年、企业界精英、教师、警察等特定对象。讲说的内容更是包罗万象,经典方面有《六祖坛经》《金刚经》《维摩诘经》《法华经》等,也讲说佛教的义理、特质与现代生活的种种关系,以及佛教对社会、政治、伦理、经济、心理、民俗、命运、神通、知见、因缘、轮回、死亡、涅槃等各种问题的看法。

三十年前，佛光山的弟子们将我历年来演讲的内容，陆续结集成书，并定名为《星云大师演讲集》丛书，二十多年来不知再版了多少次！许多读者将此套书视为认识佛教、研究佛学必读之书，也有不少出家、在家弟子，以此演讲集作为讲经说法的教材。

这套演讲集已缺书好一段时间，不时有人频频询问、催促再版。我重新翻阅，觉得此套演讲集讲说时隔近三十年，抚今追昔，虽然佛法真理不变，人心善美依然；环境变迁有之，人事递嬗有之。因此，决定将此书全新改版，去除与现今社会略微差异之处，重新校正、修订、增删，并依内容性质，分类为《佛光与教团》《佛教与生活》《佛法与义理》《人生与社会》《禅学与净土》《宗教与体验》《人间与实践》《佛教与青年》等册，总字数百余万字。为保存、珍重历史，同时又为方便后人参考、查询，我将演讲的时间、地点记于每篇文章之后。

我出家已超过一甲子，毕生竭力于人间佛教的弘扬与实践，主要是希望全世界各族群能相互尊重，人我能相互包容，社会彼此和谐进步。这套演讲集是为我初期弘法历程，以及一以贯之的人间佛教思想理念的鲜明见证。

出版在即，为文略说弘法因缘，并以心香一瓣祝祷人间佛教正法久住，所有众生皆能身心自在，共生吉祥。

星云　于佛光山法堂

目 录

001	佛教对命运的看法
020	佛教对知见的看法
036	佛教对行为的看法
051	佛教对因缘的看法
068	佛教对因果的看法
083	佛教对空有的看法
101	佛教奇理谭
119	佛教的真谛
140	佛教的特质是什么
160	佛教的忏悔主义
178	佛教的慈悲主义

佛教对命运的看法

不论命运乖舛,或风云际会、不可一世,
都不一定要听天由命,
应该培养洗心革面的器识,创造自己的人生。

我们每个人最关心的问题,莫过于自己的问题;而自己的问题中,最重大的就是命运的问题。对于命运的看法,因人而有种种的差异。有的人生活遭受到折磨辛劳,便怨恨命苦;有的人对于自己的遭遇,只知认命,认为人生的一切福祸穷通,都是由命运安排;有的人对于生活的贫苦困顿,能安贫守节;有的人对于自己的际遇,抱持乐天知命的态度,因此能不忧不惧。其实不论命运乖舛,或风云际会、不可一世,都不一定要听天由命,应该培养洗心革面的器识,创造自己的人生。谈到佛教对命运的看法,下面分为四点来说明。

一、人为什么有命运

人一生的境遇,往往由于各种的因素而改变命运,有的人由于一个人而改变命运;有的人为了一元钱而生命改观,有的人由于一件事而走出截然不同的人生，甚至为了一句话、一个念头，使人生有天壤之别的变化。转变我们人生的这些因素，本身虽然至为细微，但是影响力却非常巨大，好比将一粒小石子投掷江海中，石子虽小，却能震动整个江面，泛起阵阵涟漪。一个人或一个念头，会产生种种千差万别的命运。

（一）为一个人而改变了一生

明朝的吴三桂，因为美丽的姬妾陈圆圆被闯王李自成所掳，冲冠一怒为红颜，愤然引清兵入关。后来虽击溃了闯王，夺回佳人，但是他个人在历史上，却背负了危害国家民族的罪名，不但影响他自己的命运，也改写了中国的历史。英国的爱德华国王，为了和自己心爱的女子辛普森夫人长相厮守，宁愿放弃王位，所谓"不爱江山爱美人"，为了一位女子而改变了自己的命运。

为自己心爱的人而改变命运的例子非常多，有的父母为了子女，耗尽一生青春岁月，献出宝贵的幸福。像历史上有名的三娘教子里的王春娥，矢志不改嫁，抚养幼儿，后来由于儿子高中状元，而享受极大的尊荣。有的子女为了顺从父母的意思，迁就父母的想法，在"父母在，不远游"的礼教之下，放弃自己的凌云大志，承欢膝下，默默地度过一生。有的忠臣义士，为报答君主，牺牲自己的生命，改变了自己的一生。譬如战国时代的豫让，为了报答智伯的知遇之恩，吞炭漆身，刺杀赵襄子，最后伏剑自杀，连性命都奉献了。有些女子，为了自己所钟情的对象，献出一切，却遇人不淑，如霍小玉对李益情有独钟，本以为可以白首偕老，却遭遇到被弃的命运。

我们往往为了某一个人而影响了自己的一生，这一个人也许是关爱我们的人,也可能是妒恨我们的人,而我们的命运因此有种种的变化,所以为了一个人会改变我们的命运。

(二) 为一元钱而改变了一生

一元钱,也会改变一个人的命运。美国的汽车大王福特先生,年轻时离家创业,父母给他一元钱,他以这一元钱为资本,发愤图强,终于开创了福特汽车公司,闻名于国际,写下他自己的历史。

有时一元钱的力量真大,为了挣得这一元钱,甚至不惜铤而走险,闯下大祸,所谓"一文钱逼死英雄汉"。现在有些青少年不知道金钱的来之不易,看到别人事业腾达,心生羡慕,却不知道要取之正道,以辛勤、努力去赚取,于是抢杀盗窃的事件层出不穷,不仅危害社会国家的安宁,自己也因此身陷囹圄,甚至断送了性命。不过古来也有不少的贤臣侠士为了坚持自己的原则,不为金钱所诱惑,譬如陶渊明的不为五斗米而折腰;黔娄虽裘不蔽体,亦不为仕宦所动。

一元钱能改变我们的一生,也由于各人对一元钱的认识、把握、处理不同,人生的境遇也就千差万别了。

(三) 为一件事而改变了一生

除了一个人、一元钱,足以扭转乾坤改变命运,一件事也会改变人类的命运。爱迪生发明了电灯,不仅使他个人成为全球各国尊敬的发明家,全世界的人也因此得到光明,免除黑暗的恐惧与不便。

日本前首相田中角荣,虽然曾经一度叱咤风云,执日本政坛之牛耳,却因洛克希德贪污案,诉讼缠身,被收押入狱;美国前总统尼克松，为了水门事件吃上官司，最终丢失了总统职位。一件事有时会使我们受到无比的推崇，有时也会使我们遭到难堪的羞辱，实在不能不慎。

　　我个人之安身立命于佛教，受惠于一件事，至今思及，感恩之情充塞胸臆，弥笃弥新。我从小生长在寺庙，过的是物质欠缺的清苦生活，十七八岁时，一向健康的身体突然害了一场大病，上吐下泻，几乎濒临死亡，一二个月粒米未进，而且也没有东西可以果腹。这件事辗转被家师知道了，他老远地派人送来半碗的咸菜。半碗咸菜对于丰衣足食的现代人，也许没有什么稀奇，但是对于当时寅吃卯粮的我们，堪比珍馐美味。记得我当时是怀着感恩的心情，和着眼泪吃下这碗咸菜，吞下了家师那无言的关怀和爱护，心中生起愿力："师父，我将来一定要从事弘法利生的工作，光大佛教，来报答您的恩惠。"半碗的咸菜给我很大的力量，使我对于往后一切的磨难，都能甘之如饴，并深深根植于佛教。

　　古来的大德因为一件事而使人生改观的，不乏其例。譬如本为樵夫的六祖惠能大师，因送柴至旅店得闻《金刚经》，并前往黄梅承五祖弘忍之法，开创了南宗禅。香严智闲因芟除草木，以石击竹而悟出了一片光风霁月；多少的禅师由于花开花谢而参透禅机，多少的释子因为日出月现而了然于心，多少的云水僧看到青山清溪而灭却心火。在人的一生之中，对于某一件事，如果能够用心留意，人生可能因此而别有一番境地。

（四）为一句话而改变了一生

　　唐代的丹霞禅师本来要进京赶考，途中遇见一位出家人对他说:"你要去考官,求取世间的荣华富贵,倒不如去参加选佛,成就出世间解脱。"他一听,当下改变主意,到寺院出家参禅,终于成为一代高僧。一句话如同一声棒喝,醒了他的富贵梦,拓展了另外一片更宽广的人生。

佛陀座下的两大弟子舍利弗和目犍连,尚未出家以前是婆罗门教的领袖。有一天,舍利弗在王舍城的街上,遇见佛陀的弟子阿说示比丘。他有庄严的态度,威仪的行止,使舍利弗禁不住怀疑的心情,趋前问道:"你的老师是什么人?他平时教你们些什么道理?"阿说示比丘不疾不徐地回答:"我的老师是释迦牟尼佛,虽然他所教导我们的宇宙人生真理,我还不能完全领会,但我知他常告诉我们'诸法因缘生,诸法因缘灭',又说'诸行无常,是生灭法;生灭灭已,寂灭为乐'。"佛陀的教法,仿佛一道曙光,射进黑暗的牢笼。舍利弗欢喜地飞奔回自己的住处,并将佛陀的教法转告目犍连。在他们的感觉里,世界在刹那之间变得那么实在,由于这一句话,他们的智慧显发了,了解了宇宙的真谛。于是两位尊者离开婆罗门教,成为佛陀的弟子,证得大阿罗汉的果位。

有人问赵州禅师:"将来宇宙毁灭的时候,这个身体还存在不存在?"禅师不经意地回答说:"随他去。"事后觉得如此的回答未必圆满。当火烧初禅、水淹二禅、风吹三禅的时候,我们这具身躯还有吗?为了这一句"随他去",赵州虽已是80岁的老翁,却也穿起芒鞋,跋涉千山万水,访道寻师研究这个问题,留下了"一句随他语,千山走衲僧"的美谈。

有时一句善意的鼓励,会把我们从沮丧的深渊中提升起来;有时一句不经意的责骂,会把我们推入痛苦的涡流里。所以四摄法中的爱语，就是要我们常说好话，一句轻轻的好话，对别人是一种布施，对自己则是一种庄严。

（五）为一个念头而改变了一生

一个人、一元钱、一句话会改变命运，一个念头也会使我们有180度的大转变。这一念可能是圣贤，也可能是愚夫，这一念上穷碧落下黄泉，百界千如无所不遍，因此如何摄心正念是不容忽的功夫。

台湾十大杰出青年郑丰喜，虽然先天有缺陷，但是凭着一念坚强："我要站起来！"饱受玩伴无知的欺凌，以手代腿，终于完成大学的学业，为社会树立刻苦励学的楷模。

海伦·凯勒女士，又盲又聋又哑，从小生活在没有光明、没有声音的寂静世界里，但是为了感谢老师悉心调教、耐心指导，她的一念，不断地努力向上，终于成为世界的伟人。虽然自己不能言语，但是透过手势的翻译，她到处演讲，把生活于黑暗、绝望之中的残疾人的心声，传达给世人，掀起国际上对残疾人福利事业的重视。由于海伦·凯勒的努力，将盲聋的残疾人带入充满光明的世界，而她本人也成为人间不幸者的希望象征。

在佛教里，为了一念之诚，而不畏艰难，献身弘法工作的高僧大德，更是不胜枚举。唐朝的玄奘大师阅读经典时，觉得当时的传译版本不够周全，萌发到西域取经的念头。这求全的一念，一去天竺，十八春秋，带回无数的经典，成为一代三藏大师。他的一念改变了自己的人生，中国佛教乃至中华文化的发展史，也因此而揭开了新页，其贡献是昭诸青史，其影响是超乎时代，历久弥新。

唐朝鉴真大师感于日本僧侣求法的挚诚，兴起将佛法传弘至东瀛的念头，12年间，经过7次的尝试，到了老年，虽然双目失明，却不忘这最初的一念，历尽艰辛终于完成心愿，将佛陀的戒律，播扬于日本。日本的房屋建筑方式仿自中国，日本人的生活习惯类似于中国，吃饭用的筷子学习于中国，播种的种子谷物移植自中国，这一切都是当初鉴真大师携带过去的，因此日本人尊称大师为"日本文化之父"。

鉴真大师的一念，走出截然不同的人生，整个日本佛教文化的发展、国家人民的生活也因此大为改观。

二、控制命运的力量是什么？

每一个人都有不同于别人的人生境遇，有时候看到别人的飞黄腾达，想想自己的不如意，就慨叹起："时也、运也、命也。"感伤自己命运的乖舛，更甚者怨天尤人，埋怨老天爷捉弄命运。其实我们的命运并不是别人所能控制的，控制我们命运的力量究竟是什么呢？就是我们自己。我们自己又如何控制自己的命运呢？

（一）习惯控制命运

佛教说：烦恼难断，去除习气更难。坏的习惯不但使我们终生受患无穷，并且累劫遗害不尽。习惯会左右我们的一生，习惯成自然，变成根深蒂固的习气，即成为修证菩提的障碍。譬如一个人脾气暴躁，恶口骂人，习以为常，没有人缘，做事也就得不到帮助，成功的希望自然减少了。有的人养成吃喝嫖赌的恶习，倾家荡产、妻离子散，把幸福人生断送在自己的手中。更有一些人招摇撞骗，背信弃义,虽然骗得一时的享受,却把自己孤立于众人之外,让大家对他失去信心。

有些不良青少年,家境颇为富裕,却染上坏习惯,以偷窃为乐趣,进而做出杀人抢劫的恶事,不但伤害别人的幸福,也毁了自己的前程。坏习惯如同麻醉药,在不知不觉中会腐蚀我们的性灵,蚕食我们的生命,毁灭我们的幸福,怎么能够不戒惧谨慎!

(二)迷信控制命运

在我们的认知里,"迷信"好像是东方的产物,其实西方也有他们的迷信。西方人忌讳13日星期五,认为13不吉利,星期五是黑色的,此日最好不要出门做事,本来有一笔好生意要交涉,由于迷信怕触霉头,而白白错失了宝贵的机会。

说起避讳的迷信,在我们的社会更是多见。如盖房子建高楼,不能有四楼,因为"4"和"死"同音,住起来人畜不安,必有凶煞。出外住旅馆,避免住"9"号房,因为"九"容易联想到翘辫子。迷信影响我们的生活,更是深远。有的人做什么事都要看日期才放心,实际上这又有多少值得相信的呢?

有些人于千挑百选的黄道吉日结婚,不也离婚了吗?孩子生下来,要找算命先生算算命有多重?总是要个前面背金,后面背银才放心。算命卜卦的人如果能够替别人算命,那么他自己的命运又如何测度呢?有人说过年扫地不能往外扫,而要朝里面扫,因为深怕把钱财扫出去了。也有人说女人怀孕不可念《金刚经》,因为《金刚经》的力量太大,会把胎儿冲坏。其实《金刚经》乃般若圣典,不但不会伤害胎儿,怀孕期间持诵此经,反而能让小孩有良好的胎教,并增长智慧。此外,民间流行一种怪诞的事:女儿死了,牌位却可以嫁人,堂堂正正的一个青年,却讨个牌位回来供养。

迷信的行为,如同一条绳索,把我们的手脚捆绑得无法动弹。迷信的行为,如同一片乌云,使我们的人生蒙上一层阴影,无法见到自性的光明。这许多禁忌迷信,影响我们命运之巨可见一斑。

(三) 情念控制命运

在我们一生中,受到感情牵绊的影响最深。有些人为了感情不顺利而毁掉前程,有的家庭,为了对方金屋藏娇或红杏出墙而幸福破灭的也不乏其例。感情如果处理不当,不幸的命运就如影随形接踵而来。

佛经上说:情不重不生娑婆。有的人挣扎得出名缰利锁的桎梏,却摆脱不了情丝的纠缠,或者对家族的亲情、对朋友的友情、对男女的爱情执着放不下,活在痛苦的泥沼里。要免除感情的束缚,必须持有智慧的利剑,怀抱豁达的胸襟,控制感情,而不为感情所驾驭。

(四) 权力控制命运

权力也是控制我们命运的要素之一,人们往往有了钱财之后,更汲汲于权力的追求,所谓有钱有势,如虎添翼。但是权力容易腐蚀我们纯真的本性,有多少人在吆三喝四的威势中,丢失了宝贵的家珍;有的人饱尝权力的滋味之后,却无法品茗人生的本味。权力影响我们人生的力量,不可说不巨大。控制我们命运的权力,可分为四种:

1. 神权：有的人不论婚丧喜庆，都要求神问卜，唯神明的指示是从；自己没有智慧来判断是非，仰赖神明为他作主张。像这种"不问苍生问神明"，把一己人生交托给神明主宰，甘心做神明的奴隶，实在是一种愚蠢的行为。依照佛教的说法，天神也免不了因果轮回，如何有力量操纵我们的命运呢？

2. 政权：政权是一股影响大众命运的巨大力量。翻阅历史，生活于圣王治世的百姓和苟全于庸君掌权的黎民，其差别是不待而言的。现代也一样，生存在开放、民主、进步国家的人，比起那些沦亡于暴虐、极权、顽冥的人间炼狱中的人，是何等的幸福。

3. 亲情：亲人的鼓励可以增加孩子的力量，使他走向成功的道路，但是亲情的包袱有时候也会成为孩子求道的障碍。社会里，有多少人才，在亲人的温情包围下，无谓地被埋没。父母爱护子女，应该让孩子有自己的选择权利，去决定自己的人生方向，而不是一手导演，留下无奈的憾事。

4. 欲权：欲望也是控制我们命运的可怕力量，我们常被欲望牵引，成为欲望的奴隶。看到别人有汽车洋房，升起了贪求的念头，自己没有能力购买，就不择手段，或偷窃、或诈骗、或抢劫，不但自己触犯法律，也带给社会不安宁。报纸上层出不穷的枪杀案，大多是受到欲望蛊惑的人间惨剧。

（五）业力控制命运

控制我们命运的最大力量为业力。所谓业，是我们行为的结果，包括口中所说、心里所想、身体所做的种种造作，通称为身口意三业。有一句话说："善恶到头终有报，只争来早与来迟。"业可分为善业、恶业，我们自己造了善业或恶业，时机成熟了，一定会随着这些业力去受报。业力虽然能够控制我们的命运，但是控制业力的却是我们自己，如果能够改善自己的生活，不造恶业，广植善根，我们的命运必定是光明平坦的。

业除了善业、恶业之外，还有影响个人的别业，和影响众人的共业。例如生长在台湾的人有共同出生于此地的共业；同为娑婆的众生，必有相同的共业，但是有的人住亚洲，有的人住美洲，甚至肤色有黄、白、褐、黑等，那是因为别业的不同而产生的种种差别。除了共业、别业之外，业还可分为定业与不定业。譬如有人出身豪门，有人生长蓬户，投胎张王李赵由不得自己，此乃依据前生业力已定的定业。但是未来的命运不定，则为不定业，未来的命运乃依照今生所造的业力而决定，业力对于我们人生的影响实在很大。

控制我们命运的业力，如何去受报呢？根据经典的记载，或者随重先报，也就是随着比较重的业先受报；或者随着习惯而受报；或者随着心中强烈的忆念而受报。在时间上，有的今生做今生受报，有的今生做来生报，有的来生做，过几生几世再受报。好比果树，有的种了几年才结果，有的种了不久就长满了累累的果实。不管一年、二年乃至数年，想吃到甜美的果实，就要踏实地去播种。同样的，我们希望享受好的果报，就要种植好的业因。

三、改变命运的方法

习惯、迷信、感情、权势、欲望、业力虽然能控制我们的命运，但是命运并不是定型而不可改变。因为一切的习惯乃至业力，都是我们自己造作的，只要我们善加摄持正念、谨言慎行，仍然可以将乖舛的命运转变为美好的命运。那么命运又如何改变？改变命运有什么方法呢？

(一) 观念可以改变命运

佛陀成道之后，为我们揭示世间充满痛苦的真理，并且进一步告诉我们灭除痛苦的方法——实践八正道。而八正道中最重要的就是正见，正见建立了，其他的七正道有了准则依据，才不至于出差错。所谓正见就是正确的见解、正确的观念。正确观念的建立，对于我们个人修身立业、社会繁荣进步、世界和平安乐，都有非常重要的关系。像希特勒缺乏正知正见，妄想征服世界人类，并且建筑许多集中营，以虐待无辜的战俘为乐事。他个人的邪知邪见，不仅影响德国命运，改变欧洲历史，更带来惨绝人寰的浩劫。囚此佛教认为一个人行为上有了瑕疵，还有挽救的机会；但是如果观念偏邪不正，则遗害人类的祸患将更大，解救之道就更难了。

世间上一些创业有成的事例，虽然有种种的因素，但是观念的正确与否，却是主要的关键。譬如有的人好吃懒做，长辈责骂他懒惰，此人不但不知悔改，还变本加厉，自暴自弃，甘居下流。另外有一种人，遭受指责，立即反省自己，除恶唯恐不及，并且发愤图强，希望有一番新表现，来改变别人对他原有的印象。由于两者观念的不同，结果有天壤之别。

有的人凡事抱着积极、进取、乐观的看法，遇到任何不幸的打击，都能从困难中找到奋斗的途径，从哀伤中体会生命的喜悦；有的人消极、颓废、悲观，人生充满了灰色，终日生活在忧伤之中，对他来说,生命是多余的。可见观念会影响我们对人生的态度,改变我们的命运。对人生抱持施舍的观念会使我们的命运更富裕,悭贪的观念只有使我们更贫乏。怀抱着爱心来对待世间的一切,生活是快乐的,世界是美丽的,娑婆就是净土;如果对世间充满了瞋恨,清凉的佛土也会变成火宅。我们希望拥有美好的命运,就该培养正确的观念。

(二) 信仰可以改变命运

有了信仰,好比航海中有了目标,旅程上有了方向,做事有了准则,可以一往直前,迅速地到达目的地,减少不必要的摸索。信仰的力量如同马达,是我们向前迈进的动源,也能改变我们的命运。

信仰的力量是自不待言的,而信仰的对象并不局限于宗教。像艺术家对于艺术的热爱,视艺术的完成为他的信仰,因此甘愿呕心沥血地从事艺术创造。翻开文化史,有不少思想家、哲学家,一生为了人类共同理念的完成,奔波于道路上——如宋朝的岳飞,毕生以"精忠报国"为信念,最后终于求仁得仁,竭尽忠诚,献出了生命。他对国家"尽忠"的信仰,改变了自己的命运,也为中国历史树立一种坚毅凛然的形象,至今仍然影响社会民心,成为万民膜拜的英雄。

在各种信仰中,宗教给人的力量最大,一旦产生宗教信仰,对于人生一切的横逆、迫害,不但不以为苦,并且能甘之如饴地接受。对宗教的虔信,使我们有更大的勇气,去面对致命的打击,使我们有宽宏的心,去包容人世的不平,而拓展出截然不同的命运。

(三) 结缘可以改变命运

人作为社会的一员,不能离群索居,我们一生的命运和社会大众有着密切的关系。我们平日衣食所需,是仰赖社会各阶层的分工合作,搬有运无,才能日用无缺。入学校求知识,由于老师们的谆谆教诲,才能免于愚痴。甚至进入社会,服务乡梓,也需要借重同仁的帮助,上司的提携,才能发挥一己才能,有所作为。所以我们如果想事事顺心,运道亨通,就必须和他人保持和谐地往来。佛教所谓的"结缘",即是建立良好人际关系的意思。

"未成佛道,先结人缘"。我们要广结人缘,给人方便,结缘越广,必能回报给自己更大的方便,助人即助己,因为自他不是对立,而是一体,唯有在完成他人之中,才能完成自己。因此菩萨以众生为修行的道场,广施慈悲,从对众生结善提法缘中,来成就佛道。结缘不仅能改变我们的命运,并且是进趋佛法的重要门径。在日常生活中,一个亲切的笑容、一句鼓励的赞美、举手之劳的服务、真诚的慰问关怀,都能带给对方莫大的快乐,增进彼此之间融洽的关系。结缘,使我们的人生更宽阔、命运更平坦,何乐而不为呢?

(四) 持戒可以改变命运

观念、信仰、结缘能够改变我们的命运,持戒也能够转变我们的命运。持不杀生戒,可以转短暂的寿命为绵长;持不偷盗戒,可以化贫贱的生活为富有;持不邪淫戒,可以保持家庭的幸福美满;持不妄语戒,可以获得别人的信任赞誉;持不饮酒戒,可以常保身体的健康以及理智的清明。持戒能将原本坎坷的遭遇改变成福乐安康的命运。

有一位商人到市场贩卖物品,看到一只遭人逮捕的乌龟,眼泪汪汪地注视着自己,顿时生起恻隐之心,于是以重金买下乌龟,把它放回湖里。过了一段日子,有一天商人出外经商,途经山路,不幸遇到盗贼出没,抢去他的钱财,并将他推落湖中,眼看就要遭受灭顶之难,突然觉得脚下似有东西将他托负着。商人平安上岸后,定睛一看,原来是自己昔日救过一命的乌龟,带着同伴来报恩。持守净戒,不伤害生灵,积极地爱护生灵,人天福报的增长是不待言的。

人人都有命运,而命运又受到种种力量的控制,我们如何摆脱命运的控制,开创自己的人生呢?必须人人培养正确的观念,树立坚定的信仰,广结良好的人缘,严持清净的戒律。能够如此,不但不为命运所控制,更能自由自在驾驭命运。

四、佛教对命运的看法

命运既然如此奥妙,那么佛教对命运有什么看法呢?以下分为四点来说明:

(一) 佛教认为命运不是定型的,命运是可以改变

佛教虽然也讲命运,但是有别于外道机械性的宿命论。佛教主张诸法因缘而生,空无自性,命运也是因缘所生法,没有自性,坏的命运可以借着种植善因善缘而改变,像小沙弥增长福寿,就是有名的例子。

有一位证得阿罗汉果位的师父,一天在禅定中知道自己疼爱

的徒弟只剩七天的寿命,心想:"这么乖巧的孩子只剩七天的寿命,真是太不幸了!将真相告诉他,他小小的年纪,怎么承受得了这样的打击呢?"

天一亮,师父将小沙弥叫到跟前说:"你好久不曾回家看望父母了,收拾行李回去和父母聚一聚吧。"

不知情的小沙弥虽然感觉到师父的异样,还是高高兴兴地拜别了师父回家乡。日子一天天地过去,七天后,小沙弥平安地回来。阿罗汉惊讶地问:"你怎么好好地回来了?你这一路做了什么事吗?"

"没有呀!"小沙弥迷惑地摇头回答。

"仔细想想,有没有看到什么?做了什么?"师父不放松地追问。

"噢,想起来了。回家的途中,我经过一个池塘,看到一群蚂蚁被困在水中,我捡了一片叶子,把它们救上了岸。"小沙弥如实地回答,乌黑的眸子,散发着喜悦的光芒。

师父听了之后,再以神通观看徒弟的命运:这个孩子不但去除了夭寿之相,更有百岁的寿命。小沙弥的一念慈悲,不但救了蚂蚁的性命,也改变了自己的命运。

除了慈悲能改变命运,修福也可以转坏命为好命。有的人认为自己罪障滔天、恶贯满盈,永远无法扭转命运。其实不然,佛教认为再深重的恶业也可以借着广植福德加以改变。

普贤十大愿中说:忏悔业障。忏悔是消除业障、增长福慧、改变命运的法门。所谓"随缘消旧业,更莫造新殃",挚诚恳切的忏悔能去除我们烦恼的污垢,把原本无染的清净自性心显现出来。因此佛教非常注重忏悔法门，如慈悲水忏、梁皇宝忏、天台的三忏，都是历代大德为我们敷设的方便法门。

不好的命运可以因为行慈悲、培福德、修忏悔而改变，反之，好的命运若不知善加维护，也会失却堕落，所谓"居安思危"，不能不戒惧谨慎。

（二）佛教重视宿命，但是佛教更重视未来的命运

佛教讲过去、现在、未来三世因果；佛教虽然重视过去的命运，但是更注重现在和未来的命运。因为过去的宿业已然如此，纵然再懊恼，也无法追悔；而现在和未来的命运却掌握在我们的手里，只要我们妥善地利用每一刻真实的现在，前程仍然是灿烂的。因此，佛教不沉溺于对过去命运的伤感，而积极追求充满无限希望的未来命运。

如何把过去坎坷的命运改变成未来美好的命运呢？那就要实践改性、换心、回头、转身的功夫。俗语说："江山易改，本性难移。"如果能将难改的性格改变过来，把暴躁的脾气改成柔和，把孤僻的性情改成随缘，命运一定随之改观。现在医学发达，有人得了心脏病，换个心脏，仍然如生龙活虎般充满活力。我们的心脏坏了，固然要动手术换掉，智慧妙心坏了更应该改换，把坏心换成好心，把恶心换成善心，把邪心换成正心，才能延续生命，常保健康。

改性换心是改变命运的药方，回头转身更是创造命运的良剂。人间有许多的纷争、痛苦起因于不知回头，平时我们只知道向前挤进，甚至把自己赶入烦恼的牛角尖而浑然不觉，凡事要留个转身的余地，回头退一步想一想，以退为进，将会发现世界是多么的宽广

辽阔。

(三) 佛教不鼓励人听天由命,佛教希望人开创命运

有的人遭遇困境,认为冥冥之中上天早已如此安排,任何的努力都是枉然的,于是消沉、沮丧,不知奋发振作,把自己宝贵的前程委诸子虚乌有的唯一神祇去主宰,甘心做宿命的奴隶。佛教认为命运掌握在自己的手中,任何力量都不能主宰我们的命运,即使天神也无法操纵我们的命运,我们是决定自己命运的主人,我们是创造自己命运的天才,佛陀本身就是典型的例子。

释迦牟尼佛未成道时,贵为一国的太子,享受无比的人间欢乐,得到万民的景仰。但是佛陀不以皇宫的生活为满足,不甘愿做个庸碌的凡夫,他舍弃一切的荣华富贵、亲族情爱,独自走上追求真理的道路,创造了自己广大如虚空的生命,而一切众生也随着佛陀的证悟,开创了未来正觉幸福的命运。

人生的境遇并不是命定如此,绝对不变的。上天没有能力把我们变成圣贤,上天也不能使我们成为贩夫走卒,成圣希贤都要靠自己去完成,所谓"没有天生的释迦",只要我们精进不懈,慧命的显发是可期的。

(四) 佛教不光是希望人乐天知命,更希望人洗心革面

孔子说他"五十而知天命",像孔子这样的圣人也是到了心智渐趋成熟的中年,才了解宇宙人生的道理,可见乐天知命的不容易,不过佛教主张除了顺应天命,更要进一步地洗心革面。

佛陀是一位慈爱众生的宗教家,也是一位充满道德勇气的革命家；佛陀不止要改革印度四姓阶级制度的社会弊病，更要革除众生心里的种种毛病。佛陀主张的革命不是伤害别人的性命，而是自我针砭；佛陀理想中的革命不是向外，而是对自己内心欲望所进行的一场搏斗，唯有勇于革新自己的人，才有光明的人生。

常人有一种习惯，容易看到别人的缺点，却文饰自己的过失。佛陀数十年的教化，替我们开显了无数的法门，就是要我们洗去心中的尘垢，还给它一片本来无染的洁净。求道的过程无非是洗心涤虑、净化生命的功夫，等到天清月现，朗照大地的时候，就是与诸佛同游毕竟空的良辰。

1982年11月13日讲于台北"国父纪念馆"

佛教对知见的看法

有了正知正见，人们就能明因识果，了解业报缘起，明辨是非善恶。也唯有正确的观念，坚定的信仰，才能开发般若本性，完成圆满人格。

对于很多问题，各人有各人的看法，对于大千世界，乃至整个宇宙人生，也都别有一番不同的见地。每个人的立场不同，见解也就不一致，但是并非人人的看法都是"真知灼见"。由于世俗的尘垢累积日深，使我们原本清净的心蒙上了污染，以这颗不再是明镜的心去观察世象，难免会产生偏差的见解。如何培养正确的知见，把握真实的人生，是我们重要的课题。

两千多年前，佛陀在菩提树下金刚座上，证悟宇宙人生的真相，他开悟后的第一个念头，就是要救度众生。但是佛陀所证悟的真理，却和世人妄知妄见大不相同。例如众生以五欲为乐，佛陀却认为五欲是痛苦的根源；佛陀体证真如佛性才是我们的本来面目、真实生命，然而众生却认为它是虚幻不实。众生在六道轮回的生死大海中浮沉，却拒绝佛陀慈悲救度。成道后的佛陀，想到他所证悟的知见，不易为一般凡夫众生所接受，为了激发众生重法的心，曾想进入寂静的涅槃境界。后来由于梵天的劝请，更为了怜悯深具善根的少部分众生，因此才住世讲说佛法，普施甘露。

有时候我们会遇到一些相识但是不相知的人，由于彼此见解不同，而产生无谓的争执。如社会上有些人看到出家人就说："真可惜，你为什么要出家呢？"

出家是一条追求宇宙人生真理的大道，是值得庆幸欢喜的事，何惜之有？不懂出家求道，自弃真理之门，不是更令人惋惜？因此我们对事物的了解，应该摒除己见，站在对方的立场去了解，才不会失之主观。

一般人对于宗教信仰缺乏一颗虔敬的心，认为宗教是用来祈福求财、消灾化凶，进趋名位富贵的工具，而不知道宗教的真正意义在于牺牲奉献。譬如一些信徒，以为念佛就能事业顺利，念佛就能财源滚滚……如果将佛菩萨当成财神爷、保险公司，这种贪婪的功利态度，如何能与诸佛菩萨施与行慈的悲心相应呢？

也有一些信徒抱怨说："我长年吃斋茹素，仍然体弱多病，不离医药。"

他之所以吃斋，并不是站在慈悲的观念上，而是为了益寿延年、长保健康而吃斋，这种心态是不正确的。事实上，身体要健康，必须生活有规律，饮食有节制，有适当的运动，才能收到健康的效果。假如能够怀抱佛菩萨不忍食众生肉的慈悲心去吃斋，并且持之以恒，必定能够由心理的健康发展至身体的健康，所谓"心广体胖"就是这个意思。

因此对于世间的一切，要有正确的知见，才不会陷入愚痴。佛教对知见有什么看法？以下分为四点说明：

一、错误的知见

一个人如果没有正确的知见,好比没有舵的船,航行在茫茫大海之中不知何去何从,并且可能遭受到灭顶的危险,邪知邪见会使我们沉沦在愚痴无明之中,而永劫不复。涵养正知正见的重要性可见一斑。那么什么是邪知邪见呢?根据佛经的记载,错误的见解有下列五种。

(一) 身见

一般人总以为四大五蕴假合的身体是真实不变,因此执持不放,不知道躯体只不过是一栋房舍,再坚固的房子住久了也一定会朽坏,大限来临,任何人都必须搬离这所房子。执着于身见的人,往往视有形生命为实有,极力追逐声色犬马的娱乐,而不知道人生另外有更高层次的境界。

(二) 边见

所谓边见就是坚持一端的见解,如坚持世间为恒常不变的常见,断灭虚幻的断见;世界有边的有边见,世界无边的无边见;肉体和灵魂为同一境的同见,互为相异的异见;如来死后尚且存在的有见,如来死后便归幻灭的无见等偏执于一方的思想,都是边见。

执持断见的人认为人生无论行善作恶,最后都将归于虚无幻灭,死亡之后,一切将不复存在,所以世间的道德伦理没有存在的意义,只有及时行乐才是实在的。断见的人容易沦为纵乐主义。相反的,常见的人认为生命为实体,人死了下辈子仍然会再做人,而不知道生命会随着善恶业去轮回流转。不论常见、断见，或是有见、无见、同见、异见等，都是远离中道的错误思想。

（三）邪见

邪见，泛指一切邪恶见解，举凡遮无罪福、不信因果、不敬三宝等十种邪曲的见解，都是障碍慧命的邪见。有人对于佛教的因果思想，产生一种乖僻可怕的论调说：既然佛教主张"种瓜得瓜、种豆得豆"的因果思想，那么人如果打死一只蚊子，来世将转生为蚊子；打死一只苍蝇，下辈子将投胎为苍蝇；我现在只要杀死一个人，将来一定可以出世为人。

这种似是而非的说法，对于因果业报不能真正地去了解，完全是一种断章取义、一知半解的诡辩。事实上"种"了杀生业因，必然会"得"杀生的果报，这种"种"什么，"得"什么的关系，是不会改变的。犯了这种毛病的人，好比照相，镜头还没有调整就按下了快门，自然把真相弄模糊了。

社会上大多数的人，往往把宗教信仰视为求取荣华富贵的敲门砖，以为祭拜神明，就可以高官厚禄、事事顺心，而不知道求财有求财的因果，信仰有信仰的因果，不可混淆不清。

有位年轻人热衷于事业，一心想发大财。他听说王爷很灵验，只要到庙里去恳求王爷庇佑，一定能够如愿以偿。一天，天刚亮，他兴致勃勃地骑着摩托车到王爷庙烧香祈愿。礼拜之后，匆忙地跨上摩托车扬长而去。一路上风驰电掣，好不畅快！得意忘形之际，半路上不巧一头撞上桥墩，当场毙命。青年的父亲听到这个噩耗，悲愤交集，怒气冲冲地到了庙宇，指着王爷神像破口大骂："我的儿子虔诚地祭拜你,你不但没有感应,还使他丧命死亡,这个没有灵验的王爷,今天我非打烂你的神像,拆毁你的神座不可!"

站在一旁的庙祝看情况不对,赶紧上前劝阻:"老先生,请不要愤慨,其实你儿子来礼拜王爷时,王爷感动他的虔诚,也曾想救护他。可是令郎礼拜之后,骑着野狼125的摩托车掉头就走,速度太快了,任凭王爷焦急地骑着白马在后面如何追赶,都望尘莫及呀!"

这位年轻人由于行车速度太快,当然要尝到超速的因果,怎可把一切的责任推诿给神明,怨恨神明不保佑他呢?世间上有许多不明事理的人,自己违背了因果道理,却责怪他人没有帮助他,这些都是愚痴邪见。

(四) 见取见

所谓见取见就是以自我为中心,认为自己的学说是绝对的真理,而排斥他人的见解,固执己见、自是非他,不能容纳异己的存在。

有些人明知自己的见解错误,却一味企图掩饰己非,并且想积非成是,这种以非为是、以邪为正、以恶为善的错误知见是非常危险的。

(五) 戒禁取见

戒禁取见就是持守非法的戒律、非法的教条,以此为求取人天福报的道具而执迷不悟。有的人自命清高,行为怪诞,蛊惑民众,败坏淳朴习俗,更可悲是一些无知的老百姓,不但不能明辨是非善恶,反而挺身效法蔚成风尚。比方有些人看到某人不食人间烟火,只以水果或清水充饥，就觉得此人神通广大、道行高深，崇拜得五体投地，甚至身体力行。其实一个人是不是有道行，并不在于形相上的刻意修为，而在于内心的实际观照功夫。

错误的知见会障蔽我们的智慧，甚至会令我们丧身失命、永劫不复，不可不戒惧警惕。如何去除错误的知见，培养正知正见，是学道的第一步，也是最重要的一步。

二、世间的知见

世间万物林林总总，千差万别，芸芸众生对于事物的看法，也有种种不同的见解。这种种不同的见解，大体可分为下列几点：

（一）世间以五欲六尘为乐

世间大部分的人，以物质感官上的享受为快乐，而一味追逐声色犬马，事实上，这种肉体上的享受并不是最究竟的快乐，心灵的舒安才是真正的快乐。譬如有人万贯家财缠身、娇妻美妾在抱，住的是富丽堂皇的高楼大厦，穿的是上好名贵的绫罗绸缎，出门有汽车代步，入室有童仆服侍，但是却没有一颗灵悟的"真心"，去体会生命的真实意义。欠缺这种"真心"的人，即使拥有全世界的财富，仍然是一个贫乏的人，而我们世间却到处充满这种贫穷的富人。

五欲六尘的享乐，是有漏有染的。有漏是有缺陷的意思，有染就是有私心，有私心即伴随着烦恼。有人贪着饮食之美、男女之欢而不知节制，仿佛飞蛾扑灯、春蚕作茧，自陷于痛苦的渊薮而浑然不知；世俗的享乐如剑上涂蜜，虽然味道甘美，却有杀身殒命的危险。我们应该运用智慧去透视五欲的虚假，追求真实清净的法乐。

（二）世间以立德立功为实

有的人对于物质享受虽然能够不忮不求，超然不恋，但是却以建立彪炳功勋、留名青史为一生的奋斗目标。立功立德固然为人生努力的方向，但只是世间的成就。除此之外，身心的清净，人格的升华，出世慧命的证成更为重要。

常听到有人抱着这样的论调：宗教是劝人向善的，我只要心地善良就够了，不必信奉什么宗教。这实在是一种愚痴的观念。心好就不必信仰宗教，那么我们只要心好也不必吃饭了，心好就毋需乘车了？心好是为人基本的条件，生命的完成，还需要许多的资粮为增上缘，才能办成。况且宗教并不仅止于劝恶向善的层次，如何济度有情跻登清净乐土，才是宗教存在的真谛。

我们既然有好的心，为什么不发挥宗教奉献的精神，把这块良田美地献给有情众生一起来耕耘？却宁愿局促一隅，把心逼到狭路去了呢？立功、立德如果建立在这种狭隘的观念之上，即使能够传名千古，也不过是小我的精神，成就不了大事。我们倘若能发菩提大心，从事服务大众的事业，生命将更为扩充，更具价值。

（三）世间以百年长寿为久

长命百岁是一般人热切的希望，医药的发达，虽然可以增长生命，但是究竟多少春秋才算长寿呢？我们看到百龄人瑞就庆贺不已，以为是人生难得的幸福，事实上100年的岁月就算是长寿了吗？活到100岁，就值得那么雀跃欢喜吗？如果以人类贪得无厌的心性来看，100年的生命未免太短暂了。

过去有一个信徒请法师到家里诵经消灾，祈求延寿，法师问他："你希望求得多少的寿命呢？"

"我今年已经过了花甲之龄了，只要能够再活20年，就没有什么遗憾的了。"

"你只希望多活20年？20年很快就会消逝，你可以要求更长的生命。"那人一听，瞪大眼睛说道："还可以增加吗？那么40年好了，图个百年大寿，人间稀有！"

"40年也好，100年也好，都不过如白驹过隙，一转眼就消失得无影无踪，你应该祈求更长久永恒的生命。"

那个人一愣，问道："师父，那么你认为我应该祈求多长的寿命呢？"

"求无量寿。"

世间的寿命纵然长寿如彭祖，充其量也不过800多岁，和宇宙的亘古悠久相比，实在相距太远了。我们人生应该追求的是永恒无限的无量寿，证悟永远不生不灭的真如生命，而不仅是蜉蝣若寄的数十寒暑而已。事实上果真活到100多岁，就幸福吗？假设有一位100多岁的老翁，他的儿子将近100岁，孙子也已是80岁行将就木的老人，如果命运乖舛，儿子、孙子先离开了人世，那时将情何以堪？长寿又有什么快乐可言？只不过平添更多的感伤和无奈。况且耄耋之年，两眼茫茫、白发苍苍，行动不方便，凡事不顺心，如果精神上没有寄托，真是度日如年，百无聊赖。人生的意义不在活了多少岁数，而在于是否真实地活过，如果已经充分发挥了生命的内涵，纵然是刹那，也是永恒。

（四）世间以迷信执我为真

我们日常生活中充满迷信的行为。譬如有的人每逢结婚寿诞，非要杀鸡宰羊，大肆铺张，才认为够排场，为了个人的口腹享受，不惜罔顾众生的生命，活活拆散了多少恩爱的眷属。为庆生而滥杀生灵，结褵而夺人之爱，不但违反最初的心意，更悖逆了慈悲的精神。更有一些人和朋友发生争执，到庙堂斩鸡头赌重咒，这种行为既愚昧又残忍。发誓应该是发自于自己内心，对自己行为表示负责的承诺，怎么是借个鸡头就能够加以约束呢？况且生命是尊严的，谁也没有权力剥夺第三者的生命，来对自己做任何的负责，一个人如果需要借着斩鸡头来表明自己信誓旦旦，那么此人的诚心也有待考验。

有的人信仰虔诚，遇到任何难题就求神问卜，祈求神明的指点，生病了就求些香灰吃吃了事，有困难时就烧烧金银纸消灾化厄。此种信仰诚心固然令人赞叹，但是信仰的盲目不辨，却令人不能苟同。信仰首要心存敬意，知道奉献牺牲，不一定在财物上的施舍，纵然有多余的心力、金钱，也应该运用于修行的道路和大众的公益事业之上，广积功德，才能有丰硕的收成。世间上的知见大抵似是而非，看起来好像是对的，其实是众口铄金，积非成是，究其原因是理念不清，而理念之所以模糊不清，是由于心性的污染。我们这颗心原本纤尘不染，由于无明造化，渐渐失去了清明，但是我们只要日日勤加拂拭，终会有光天化日、彻底明白的一刻。这一刻，就是知见涤清滤净的时候；这一刻，也是诸佛菩萨与我们同游毕竟晴空、自在清凉的佳时。

三、知见的层次

众生对万象的见解、看法,有种种层次的分别。好比小学生有小学生幼稚纯真的看法,中学生有中学生年轻浪漫的想法,大学生有大学生深远超迈的见地一般,随着年龄、阅历、根器的不同,知见也有深浅高下的不同境界层次。

知见有哪些层次呢?以对在家居士的称谓为譬喻,说明佛教徒对佛教护持的心态层次:在佛门,常以"护法"来称呼信徒,"护法"指的是护持佛法、护持佛教,社会上有不少人无法真实地了解"护法"的真谛,所以发诸行为实践时,难免产生偏差。

有的人虽然信仰宗教,但是不能分辨什么是邪曲乖异的邪教,什么是纯正平实的正教,看到一些光怪陆离、神秘荒诞的现象,就视为人间稀有奇事,盲目崇拜。有的人虽然能够信仰正教,但是或者信仰众多的神明,或者崇拜唯一的造物主,冀望神祇能庇佑他大富大贵、延年永生,而不知学习诸佛菩萨,将自己奉献给众生。

有些人虽然对佛教有信心,但是受到某位师父亲切招呼,就特别尊敬他、护持他。佛经提到"四依法"说:"依法不依人。"所谓依法就是依止佛法,佛法是佛陀所体证,僧侣所宣扬,亘古今而不变,历久远而弥新的宇宙真理。我们以它为依止,心灵才能得到净化,生命方得以升华。而人为肉身之躯,有生老病死的现象,倏忽湮灭,变异性非常大,如果以人作为精神上的依靠,则如朝露遇到阳光,短暂无常,生灭不定。因此正信的佛弟子仅仅护持人是不够的,唯有护持佛法,才是真正的佛教信徒;即使以人为护持对象,也必须护持学法、持法、弘法的善知识。

有的人也知道护持善知识，但是仅止于对单一、固定对象的崇拜，而不能将恭敬心扩充为对整个僧团，乃至所有众生的关爱。经上说：佛法在大众中求。佛陀也常告诫弟子们说："我是众中的一员。"能够成就大众的人，就是能以佛心为心，续佛慧命的佛弟子；能够拥护大众，以救拔众生出离痛苦为急务的人，才是佛教的护持者。

有的人对某位师父特别崇拜，有的人对某间寺庙全心全力护持赞助。恭敬僧宝、拥护道场固然可贵，更重要的是要礼敬有道的高僧大德，护持弘法利生的道场，并且是护持弘扬大乘菩萨道的十方丛林，而不是只求自度自了的小乘寺庙。从对佛法的护持来看，我们应该护正而不护邪、护佛而不护神、护法而不护人，要由护师进而护众，由护寺进而护教，由护小乘进而护大乘，以提升我们信仰上的层次。

对佛教的护持有种种层次的分别，发心学佛也有各种不同的等第。有的人发心学佛，是为了求取世间的富贵，祈求儿孙满堂、家运昌隆，因此也能发增上心，布施行善，种种福田，但是充其量不过是人间福报，学佛的根基仍然不稳固，并且羁绊牵累的事情繁多，进趋佛道不易，这是第一层次的发心。

有的人能够体悟世间欢乐的短暂虚幻，不是究竟的快乐，而发出离心，出家学佛，追求永恒的真理之乐，成就完美的生命，这是第二层次的发心。但是出家固然为求得个人生命的升华、人格的完成，更应该拔除众生的痛苦，给予人类幸福，不仅求个人的自度自了，更要度他利他，因此发出离心之后，必须进一步发大乘菩提心。所谓菩提心就是"上弘佛道，下化众生"的菩萨心，这是最高层次的发心。

佛教将修行证悟的境界分成五种次第，也就是所谓的"五乘佛法"。"五乘佛法"依序为先修人乘的五戒，再进而修持天乘的十善法门。人天二乘的世间法修学完毕之后，要参究声闻乘的四谛真理，然后是缘觉乘的十二缘起，最后则要实践菩萨道的六度，从完成人生之中完成自己，声闻、缘觉虽然已经超凡入圣，但仅仅是只求自利自了的出世间圣者，不能积极地去救度倒悬，唯有怀抱"但愿众生得离苦，不为自己求安乐"的慈悲胸襟，出世而入世广济群伦的大乘菩萨，才是佛教所要求的最高境界。

修证的阶位有人、天、声闻、缘觉、菩萨等五乘的等第，甚至菩萨更有四十一、五十二种高下层次的差别。而五乘人生所证悟的真理也是层次分明，不尽相同。根据阐扬般若思想的《金刚经》《心经》《大智度论》的记载，般若性空的道理，依众生的根基，内容有深浅不同的差别。譬如一般凡夫能够培养正确的知见，就具有般若的光明。从凡夫阶段进趋二乘罗汉的境界，如果能够体证缘起的道理，就是般若。若能发广大心，回小向大，进入大乘菩萨的境地，觉悟宇宙万有的根本道理——性空，此性空的真理，是大乘菩萨的般若智慧，是度化众生的无限妙用。最后证悟佛的境界，能够清楚地认识自己本来的清净自性，这个人人本具的真如佛性，才是至高无上的般若妙谛！

从正见、缘起、性空到般若的体证，有种种不同的层次，各宗各派莫衷一是，唯识家则将所证悟的智慧分为成所作智、妙观察智、平等性智、大圆镜智。这些层次的千差万别，取决于人生内在功夫的用力如何，不是外来的力量强予分别。如何提升我们人生的层次,契入佛的大慈大悲的境界,和诸佛菩萨同游般若的智慧之海,是我们不可一日稍怠的要务。

四、佛教的知见

什么是佛教的知见?佛教的知见就是正见,是对万事万物培养正确的见识,是追求真理最根本、最重要的敲门砖。有的人学佛,受到一些委屈,遭遇一些困难,就退失道心,半途而废,甚至对佛教有诸多的怨言,责怪佛菩萨没有庇佑他,这就是没有正见。

所谓正见是对于自己所信仰的真理,不论遭遇任何疑难,都毫不动摇信念,反而更加坚定信心,把持立场,为护卫公益、宣扬真理而奋励不惧。也就是要明了世间有善有恶、有业有报、有前生有后世、有圣人有凡夫的道理。有善恶、圣凡、三世、业报的观念,才知道摄护三业,行善止恶,免堕三途轮回。

除此之外,佛陀常讲的"四念住"、"四依法"、"三法印"、"八正道"都是正见。以下就这四项简略地说明。

(一)四念住

四念住又称四念处,意思是告诉我们把心念系着于"观身不净"、"观受是苦"、"观心无常"、"观法无我"这四个法门之上,从苦、空、无我去认识宇宙人生的真相。

在我们的思想、观念里,总以为肉躯是实在的,因此为它滋养、妆扮。"观身不净"就在破除我们对身体的执着,了解色身的虚幻不实,而追求真实不灭的法身慧命。我们的人生苦多于乐,我们却无明造作,制造更多的痛苦,不知道自求多福,利于他人。我们的心念如瀑布湍流，念念不停，瞬间即逝，我们却不知小心加以摄护，任意让它在生死海中浮沉生灭。世间的万法变化无常，没有一法是一成不变的，如果执持有我，痛苦就接踵而至。能够以四念住的法门去认识宇宙的真相，我们的身心才能清净自在。

（二）四依法

所谓四依法就是依法不依人、依义不依语、依智不依识、依了义不依不了义。依法不依人如前面所说，即依止永恒不变的真理，而不依靠有生灭现象的某个人。依义不依语，即从义理本身去把握真理的内涵，而不执着戏论，满足于语言文字的游戏。依智不依识，即依据般若智慧为人生行为的规范，而不依顺一般的俗知俗见。依了义不依不了义，即依持究竟的宇宙真理，而不盲从方便邪说。四依法是我们了解宇宙人生真相的指南；能够依止四依法，得其门而入，才能探骊得珠，登入真理堂奥。

（三）三法印

三法印就是"诸行无常"、"诸法无我"、"涅槃寂静"，这些都是佛法的基本常识，也是宇宙人生的真理。

"诸行无常"：一切行为、一切语言，万事万物都是无常，千变万化。人生是无常，世界亦无常，一切世间法都是无常，唯有脱离世间法，到了出世间法的境界，才是真常。

"诸法无我"：世间上没有任何东西是永远不变坏的。譬如我们的身体仿佛一栋房屋，仅是供给我们平常活动筋骨、行住坐卧，暂时居住的场所。房子住久了，一定会败坏漏雨，等到大限来临，我们这栋老屋也会随着殒灭无存。不仅肉身如此,财富、名利、感情,乃至世间上的一切都不能永恒存在,迟早会舍离我们而去。唯有了解因缘,知道缘生则聚,缘灭则散,不执着无常、无我的世间法,而将身心安住于不生不灭的出世间之中,才能获得人生的究竟快乐。

"涅槃寂静"的世界就是极乐净土的世界,这是一个只有安乐,没有痛苦烦恼的境界。一般人总以为学佛是为了了生脱死,因此消极避俗。抱持这种观念的人,是曲解佛教的愚者。涅槃寂静的境界并不是舍离众生、遁世退隐的意思,这样的人,佛陀呵斥他为焦芽败种。涅槃最高的境界是"以大智故,不住生死;以大悲故,不住涅槃"的无住涅槃。由于悲智双运,而能常化众生,永不休息。

(四)八正道

八正道就是"正见"、"正思维"、"正语"、"正业"、"正命"、"正精进"、"正念"、"正定"。由"正见"可以了然苦、集、灭、道四谛的道理,这是八正道的主体。再由"正思维"以增长真智。然后"正语",就是修口业,不作妄语。其次"正业",以大智般若灭除一切邪业,使身心能够安住于清净正业之中。进而"正命",使身、口、意三业都能合乎正法而行止,"正精进",就是要发心修习涅槃之道。至于"正念",则以真智忆念正道,并且没有丝毫的邪念。最后的"正定",即必须做到清净的禅定。

这八个方法,是教导我们脱离邪非,所以是"正";最后进至涅槃的境界,也就是"道"。如果真能坚定信念,努力奉行八正道,就具足宝贵的知见了。

平时持念"阿弥陀佛"就是佛教徒的正确知见。有人或许会疑问:阿弥陀佛只是一句老太婆称诵的佛号,有什么力量呢?有人甚至鄙视只念阿弥陀佛的人说:"光念阿弥陀佛就可以了生脱死,断尽烦恼了吗?这几个字就能往生极乐世界,证得无量寿命了吗?"

其实学佛不只是为求了生脱死的超然,更是求取真实生命的证悟。有人曾经问一位法师说:"阿弥陀佛四个字,真有这么大的力量吗?"

法师一听,对着问话的人骂道:"混蛋!"

这个人被骂得莫名其妙,立刻发怒,大声责问:"你怎么可以骂人?"

法师悠然一笑道:"混蛋才两个字,就足以改变你的心境,阿弥陀佛四个字,怎么会没有力量呢?"

所以,学佛的人,平时在工作忙碌之中,口诵阿弥陀佛是希望仰仗佛陀的加被,跻登净土莲邦,正如永明延寿禅师所说的"万人修万人去"。

总之,正确的知见非常重要,八正道首重正见,如《本事经》云:"正见生长时,令愚痴损减。正见现在前,速证涅槃乐。"见解不正确,则易误入歧途。人民、国家,如果缺乏正知正见,就好像一艘没有掌舵的船,航行在茫茫大海中,不但不知何去何从,而且可能遭受覆舟的危险。有了正知正见,人们就能明因识果,了解业报缘起,明辨是非善恶。也唯有正确的观念,坚定的信仰,才能开发般若本性,完成圆满人格。

1982 年 11 月 15 日讲于台北"国父纪念馆"

佛教对行为的看法

行为的业力维系了三世生命,在无限的时空里生生循环不停,就像我们的影子一样:你向前走,影子跟你前进;你后退,影子也向后转。

　　行为,常决定人一生的成败。世间上的人,有的荣华富贵,有的贫苦潦倒,这是为什么呢?有的人把它归之于命运,其实这不完全是命运的关系,一个人的贫贱显达,是依行为而决定的,行为有因果的关系,种什么因,就收什么果。有的人幸福快乐,有的人烦恼痛苦,有的人纵情声色,有的人怨天尤人;为善为恶,全在一念之间,一念迷就会造大孽因,一念觉也能登菩提岸。
　　有位医生,受邀到英国伦敦参加医学会议,他买好了机票,航空公司也为他排好了机位,结果登机的时间到了,他却没有去搭飞机,在机场等着送行的朋友觉得奇怪,打电话也找不到人。为什么呢?原来他在赴机场的路上遇到车祸,有位少女受伤流血,情况危急,他善心一动,立刻下车施救,又亲自把少女送到医院治疗,因此赶不上搭机时间,只好重新安排。等他抵达伦敦的时候,医学会议已经进行了一半。开完会回到台湾,他儿子却带着那位少女在机场接他,跟他说:"爸爸,谢谢您挽救了我们的婚姻。"

原来那个少女是他儿子追求多年的女朋友,由于女方的妈妈是被庸医医死的,所以他的父亲恨透了医生,一直不同意他们交往。这次女儿出了车祸,在生死一瞬间,却又被医生救活,侥幸没有成为残废。而这个医生恩人,偏偏又是女儿男友的父亲,这一来,他就不好意思再反对下去,终于成全了这对小儿女的婚姻。那位医生知道前因后果以后,不觉叹息道:"我当时只想到要把那个受伤的少女救活,没想到反而救了自己的媳妇,真是老天有眼!"

这个"老天有眼",就是行为的因果循环。少女的母亲被庸医治死是因,引起少女父亲对医生的恨,反对少女嫁给医生就是果;而这位医生一念慈悲,救了少女是因,感化了女方家长,使这对小儿女婚姻圆满是果。如同天上乌云聚积必然降雨,地下稻禾缺水必然干枯一样,什么样的行为就会有什么样的后果,自我的行为不检讨,反而怨天尤人,这是不知佛法,是不应该的。

印度有一种制度,把人民依照尊卑不同的身份划分成四个阶级,最尊贵的一级就是婆罗门,婆罗门都是世袭。有人问他们凭什么能这样?他们说:"我们生来就是婆罗门。"

佛陀提倡平等,认为每个人的尊卑不是天生的,而是人为的,本身的行为才能决定是在清凉世界享受安乐,还是在婆婆污泥中受苦。如同一个人如果犯了恶罪,就得入监狱受刑罚,想不去都不行;如果做了好事,就会受人尊重、敬爱,想推辞都推不掉。业力就是这种"不愿生,强迫其生;不愿死,强迫其死"的力量。不但人到世间来受生是由于个人的行为业力的牵引,到了业缘终了要死的时候,不想死也由不得人。这种行为的业力维系了三世生命,在无限的时空里生生循环不停,就像我们的影子一样:你向前走,影子跟你前进;你后退,影子也向后转。这种如影随形的行为因果,在佛教里就叫作"业"。

现在把行为业力影响我们一生的关系,作个解说:

一、行为成业的原因

我们常说"我的业障深重啦"、"我作孽了"、"我造了业",这就是行为的造作。像花叶受到雨水的滋润就生长,遇到火焰就枯萎一样,行为可以发业,行为可以润生。业报有善有恶,维系了我们累劫的生命,尽管肉体和躯壳生生死死、死死生生,这个业报却在过去、现在、未来恒常不断地回转,永不间断。

行为成业的原因有很多种,前因后果交缠在一起,常常不容易看出一个究竟。有的人见到初生的婴儿就欢喜,见到垂死的老人就哀伤,这是不懂得业的关系。其实出生是迈向死亡的第一步,而死亡却是新生的开始。往生,如同房子坏了,要换一个新屋;衣服旧了,要换一件新衣;身体老朽了,当然要换一个新的健康身体。人是死不了的,死的只是这个身躯,他的"业"才是生命真正的根,老死之后,弃去这个烂躯壳,随业去转世投胎,又搬到另一个身体里面,就好像枝头的花叶虽然枯萎凋谢,但是根茎依然存在,雨露一沾,它又繁花绿叶,灿烂地开放起来。

行为造作成业的原因,有时候是由口说而来,不要以为说了就消失,说出来的话会成为"业",会有报应,要负责任的。现在的青少年脾气很大,有时候走路不小心,对他多瞄了一眼,他就戳你一刀,这么一瞄,就成了行为的责任,成了业。不但口说的会成为业,手做的、心想的、所见的、所关心的人与事，乃至一切学习与执爱，都可以成为业。

以下举几个简单的例子来说明行为的业：

1. 行为如镜子：你对着镜子哈哈一笑，镜子里的人也跟着眉开眼笑；你哭，他也在镜子里陪你流泪。行为业力像镜子一样，忠实反映自己的一切造作。

2. 行为如种子：一树果子有酸甜苦辣，正如人有贫富贵贱，我们的行为就像种子落地而开花结果一样，所有的健康疾病、富裕贫寒、快乐（痛苦）的遭遇，都不一样，都是行为造成的业。

3. 行为如习惯：行为是有惯性的，怎么样的习惯影响行为，就会承受什么样的业力。譬如同样是参观动物园，各人因习惯不同，而有不同的想法：商人看动物的时候，会盘算这么多动物，一天要喂多少食料，从采购到运输，养一只动物要花费多少成本？如果是警察，他会习惯性地想：这铁栅门安全不安全？这动物会不会伤害人呢？如果是牙医师，他会注意这个动物尖锐的牙齿，不知不觉地跟人齿做比较。如果是一个服装设计师，他心里会想：这个兽皮，如果做一套皮衣，一定很暖和……种种习惯影响人的行为，就会产生种种差别歧异的业。

一旦行为成为业力，就像罪福响应，如影随形，无所逃遁于天地之间，即使是微小的业都可以转为广大，如同滴水虽微，可以穿石一样。你供养他人一朵花，虽然只是一件微小的事，但是这一朵小小的花不但使人心生欢喜，澄净他人的身、口、意三业，它的香味与清净更被你散布十方，让大家都能同沾法喜，这个功德就不止于一朵小花了，你的机遇都会随着这个功德而扩展开来。

打人一个耳光,给他一拳,本来不是杀人重罪,但是如果以打人为乐,后果就严重了。又如家里宴客,要你宰鸡杀鱼,你心怀悲悯,觉得众生性命微脆,几乎不忍下手屠宰,这时,假若有个客人不但嘲笑你,还抓着你的手强迫你屠杀,挑起你的杀心,坏了你的慈悲,这个陷人于不仁不义的罪过就太大了,所谓"为善不见其益,如草里冬瓜,自应暗长;为恶不见其损,如庭前春雪,当必潜消",就是说善业暗长,恶业潜报的意思。

有位证得天眼通的人,看到一个恶鬼,凶狠地鞭挞路边的死尸,一边打一边咒骂。这个有天眼通的人觉得奇怪,就上前问道:"喂,人都死了,你还鞭打他做什么?"那个恶鬼气愤地回答:"他就是我呀,生时造作了罪业,害我死后沦落地狱受苦,我不打他打谁?"

这个天眼通的人又看到另一个地方,也有一个死尸横躺路边,一位天人正在为死人散花,状极虔敬,天眼通的人走上前问:"人都死了,为什么把花洒在他的尸体上?"那位天人一面散花一面说:"这个尸体是我的肉身,因为生前多种福田,多布施功德,种下我今天上升忉利天享福的果报,我实在是很感谢他,所以才来散花致敬啊!"

这种善恶随身至死不灭的情形,就是行为成业的一个借鉴。

佛陀住世时,胜鬘夫人曾向佛陀提出几个问题,请求佛陀慈悲开示,胜鬘夫人问:"佛陀,为什么美女无钱?"

佛陀答道:"外表美丽,内心却贪婪丑恶,钱如花果,不长在恶地。"

胜鬘夫人又问:"为什么有钱的人丑陋?"

佛陀回答："丑陋者心地高贵，能忍辱精进，财富的路自然由他驰骋。"

胜鬘夫人再问："为什么有丑陋无钱的人？"

佛陀答："若人骄慢懒惰一如其面，钱从何来？"

"为什么有人美丽而有钱？"

佛陀微笑说："菩提树的种子若撒在沃土与桃源里，自然开出一树的绿荫，果报因缘正同此理。"

这些问题用古德的"十来偈"说明，就更容易了解：

端正者忍辱中来，贫穷者悭贪中来，

高位者礼拜中来，下贱者骄慢中来，

瘖哑者诽谤中来，盲聋者不信中来，

长寿者慈悲中来，短命者杀生中来，

诸根不具者破戒中来，六根具足者持戒中来。

行为是因，业报是果，就像风吹过湖面，使湖水泛起涟漪一样，什么样的行为产生什么样的业力。当业力如轻烟升起，散入空中，必然改变原有的环境结构，潜伏成为下一次大气变化的因素，就像烧废电缆会产生巨毒二噁英一样；看不见，并不等于它不存在。

二、行为善恶的种类

业有善业有恶业，有不定业有无记业（不是善，不是恶），有从身、口、意所造的三业（身所作的杀、盗、淫，口所作的妄语、恶口、两舌、绮语，心所起的贪、瞋、邪见），有从无始以来无明所染的三业（欲求无餍的贪业，迷乱怒忿的瞋业，妄想颠倒的痴业）。有的业称作白业，也就是十善业，无愧于本心自性，无愧于屋漏，青天不昧，暗室不欺，当然是好的行为；有的业是黑业，也就是十恶业，指种种阴险伪诈，不好的行为。

有引业和满业，引业就是总报业，是三世累劫以来的强大业力，在生死轮回中起伏，牵引我们在五趣六道中轮回。满业就是别报业，我们生而为人，可是经历与遭遇各各不同，所谓富贵贫贱、穷途融通、贤与不肖均有歧异，甚至于喑哑盲聋、风流娇媚，亦随人而异，三途众生，无一能免。

有定业和不定业，我们的身体如果被针刺刀割，会皮破血流；被拳打脚踢，会淤血青肿；至于内脏暗损、心理失调的，表面上若无其事，可是病菌暗中滋长，侵蚀感染，不知哪一天会忽然发作，逃不掉致命的恶果，这种情况就是定业和不定业。所谓定业，是造了业，报时俱定，不但决定了怎么报，连报应来临的时间也已经定了，山移水转都无法改变，俗话说"阎王叫人三更死，不敢留人到五更"，这叫作定业。所谓不定业，是造了业有报应，可是报时俱不定，因为时候和因缘未到，不管你做了多少善事恶事，报应来临的方式和时间还不一定，暂时显不出来，所谓"积善以遗子孙，其福必昌；积恶以贻家人，其祸必危"，这叫作不定业。

至于共业和不共业，就是际遇感受相同与不相同的业，像发生空难，飞机上的乘客来自不同国家、不同城市、不同身份，却一起罹难，是共业。而有的乘客，本来是要搭乘这一班次的，但因有事，就提前或延后改搭其他班次的飞机，免于一死，这就是不共业。

共业有"共中共"的业和"共中不共"的业，比方说：山河日月、风霜雨露，我们人人同沾共沐，有一样的感受，是共中共的业；田地房舍、金银珠宝，我们人人多寡不同，有大小的歧异，你拥有的多，我拥有的少,都不相同。好像一车的人遇车祸,有的人大难不死,有的人血肉模糊,这是共中不共的业。

不共业也分为两种:不共中的共业和不共中的不共业。比方说我们有牙痛和胃病,牙齿与胃本来和身体的其他部位没有什么关系,可是牙痛胃痛造成头痛,头痛造成神经痛,痛苦的感觉弥漫全身,成了连锁反应。又比如你幸福不幸福、快乐不快乐,本来与我没有关系,可是由于彼此有血缘关系,不免忧戚与共、祸福同享,你哭泣我就悲伤,你兴奋我也高兴,彼此有共业的关系,就是不共中的共业。至于不共中的不共业,好像在马路上来往的行人,彼此陌生,不认识对方,他的欢喜与你无关,他的痛苦你不关心,即使看到路上花车游行或丧家出殡,看到别人一团喜气或哀伤,却很难感同身受,缺乏共鸣,这就是不共中的不共业。

善恶业报里的类别很多,一般人往往不明白业报的关系,常常误认没有因果,诽谤善恶业报。有一个信徒曾对他的师父说:"师父,我现在不拜观世音菩萨了。"

师父问他:"咦,你拜观世音菩萨拜了十几年,怎么不信了?"

他说:"我花了不少钱做善事,祈求观世音菩萨替我消灾增福,可是别人并没有因为我花钱行善就歌颂我,我儿子也没有做大官,观世音菩萨没有保佑我出名升官,我还拜她做什么?"

这个信徒不是为了脱生死而拜观音,不是为普度众生,慈航接引而拜观音,却是为升官、发财、出名而拜观音。

还有一个信徒买了两个蜡做的假苹果和一串香蕉,一年到头供奉在佛祖前,每天向佛祖要求:"佛祖呀,保佑我的儿子做大老板,我的女儿嫁给富翁,我的全家升官发财,我的珠宝一直增加,我的身体永远永远健康……"给佛祖吃几根假香蕉几个假苹果,就要讨回这么庞大的福报。

要知道经济上有经济上的因果,道德上有道德上的因果,健康上有健康上的因果,是毫厘不爽,不能错乱的,行为上是善是恶,业报上就是黑是白。

正信的佛教徒要提升信仰的内涵与品质,坚定行为业报如影随形的正念,努力实践古灵神赞禅师"心境无染,本自圆成,但离妄缘,即如如佛"的境界,了知诸相皆空,无坏亦无成,从行为上痛下功夫,融佛法于生活中,摄禅理于心念间,才能在生死流转的业报苦海中超脱,觅见人生的光明。

三、行为对时空的影响

一个人行为的好坏,在悠远无限的时空中,善恶业力永不失坏。花的种子现在种下去,就会成长;现在不种,把它干藏起来,10年、20年后再下种,它一样会绽放开花。行为的影响好像种子,有的立刻有报应,有的却在时间中潜存滋长,蛰伏着等待因缘俱足才来相报。

行为在空间中也一样具有长远的影响力。根据医学研究,我们人的身体平均每7年一变。一个3岁的婴儿,长成80岁的老人,中间大约经过10次变化,可是你不能说这个80岁的老翁和从前3岁的小孩子没有关系。不管外形怎么改变,他的血型和遗传基因是永远不变的。行为业力如同血型和基因,不管外在环境如何变迁,它永远存在。

所以行为业报不受时空的影响,有的是现世报,称为现报业;

有的来生才报应,称为生报业;有的要到多生多世之后才会显现,称为后报业。至于如何去受报,简单说明如下:

1. 随重而报:行为业力依重业先受报,以大善大恶做标准。好比现世的恶人一旦失势,立刻引起四面八方的挞伐,如过街老鼠,人人喊打,无所逃遁;大善人若忽然毁家,三山五岳受过恩惠的人也会群起襄助报恩。

2. 随习而报:这是随习惯而受报应。《观无量寿经》认为念佛十念即可往生,既然如此,为什么要天天念、年年念、随时随地续续念呢?因为念成习惯,念到心心念念相续,滴水不漏的地步,才能在临终时提起正念蒙佛接引往生。如果没有念成习惯,一旦灾难降临,一慌张就直呼:"救命哦!救命哦!"如此心念紊乱,是提不起正念称念"阿弥陀佛"名号的。所以平日养成念佛的习惯很重要,如此持续不中断,才能在最后的一刹那,坚定而不惊恐,成就法身慧命,往生善道,这就是随习惯的生报业。

3. 随念而报:随忆念受报者,是生前没有造作大善大恶的业,也不曾造作习惯性的善恶业,临命终时,忽然忆念善行,就引发善业而感生人天果报;如果忽然忆念恶行,就会引发恶业而堕入三恶道。所以,临命终时,最好能为往者念佛说法,让往者一心愿生净土、忆念善行,引发善业来感果。

四、行为决定的结果

佛教里有种种不可思议的神通力量,但是再怎样大的神通,也敌不过业力;行为决定的结果是不可转移不可消灭的。

由行为决定的因果就是报应,我们不能仗着自己年轻、有钱、有权势,就肆意逞强,独断妄行,要谨慎注意自己的行为,不要等积擎成祸、恶贯满盈时再来后悔,那就来不及了。因为,天下没有不坏的身、不改的境;青山可以不老,绿水可以常流,一旦受到污染破坏,生态失去平衡,再好的青山绿水也会在一夜之间变色,山崩塌,水枯涸,千年形躯尽毁。像台湾地区淡水河的污染、爱河的腐臭、东北角海岸的破坏、花莲海水变污浊等,都是要赔上百千万倍巨大代价而不易救治的。

人也一样,人对自己的行为因果常常短视而茫昧,甚至业报临头犹冥顽不知悔改。如同中峰明本禅师说的:"荡尽从前垃圾堆,依然满地是尘埃。"

对于行为决定的业力,有几个原则可以解开业力的迷惑:

1. 自力创造,不由神力:天无云不雨,木无火不燃,行为业力终久必报,神通亦敌不过业力。像佛陀座下神通第一的弟子目犍连,他有天眼通,能知道众鬼的罪业报应因缘。有一天,他忽然想起死去的母亲,于是运用神通力,见到亡母堕在饿鬼道中受苦,咽喉像针缝似的细小,皮骨联结在一起。

目犍连见了大惊,伤痛至极,立刻用钵盛了饭菜,借神通力往飨老母,但是他的母亲取饭尚未入口,饭食在手中即化为火炭,不能进食,目犍连悲号哀泣,不能自已。他能知道众鬼的因缘业报,却不知道母亲究竟是什么罪业因缘如此受苦,于是哀伤地请示佛陀:"佛陀,弟子今日以神通见到我的母亲,堕在饿鬼道中受苦,取食成火,不能哺饭,不知是何因缘牵累?请佛陀慈悲开导。"

佛陀回答:"目犍连,你的母亲在生之时,谤佛毁僧,不信因果正法,又贪瞋邪恶,所以该当受此苦报。"

目犍连听了,宛如焦雷轰顶,一方面为母亲受苦而心痛神伤,一方面也凛畏于罪根深结,竟连神通力都无法拔除。后来还是佛陀教导他举行盂兰盆之法,供佛及斋僧,才使他的母亲脱离饿鬼之苦。这就是自力创造胜过他力,业力胜过神通力的一个例子。

2. 机会均等,绝无特殊:凡事不论好坏,多半由自作自受,既不是神为我们安排的,也不是天意偏私袒护,业力之前,大家都是机会均等,没有特殊例外,好坏与否,只看自己是否能应机把握、随缘得度。

从前有位富翁,养了几个好吃懒做的儿子,富翁临死之前特别把儿子们叫到床前,跟他们说:"我在屋后的田地里埋了几瓮银子,等我死了以后,你们可以去挖出来用,日子就可以过得好,不愁衣食了。"

这富翁一咽气,那几个儿子立刻拿锄头、镐铲来到屋后的田地,急急寻找银瓮。他们每天从早上挖到晚上,日复一日,把几十顷的田地都挖透了,却没有人挖到银子,他们不死心,又从头到尾挖了几遍,仍然一无所有。他们一个个垂头丧气的,恨声不绝,看看播种季节已到,只得勉强把粮食种子埋下,既灰心又失望。

想不到,这年四乡八镇都闹欠收,唯独这富翁家的田里禾粮长得又高又大,收成特别好,使几个儿子发了财。他们一研议,原来是田地翻了几次,土质又肥沃,利于秧苗生长,才有累累的米粮满仓,这时候他们才知道老富翁并没有骗他们,才解悟土地的本身即是金银,要努力耕耘才能发掘出来。从此以后,兄弟几个年年翻土耕种不遗余力,家道也因之更加富裕了。

这种"锄禾日当午,汗滴禾下土。谁知盘中餐,粒粒皆辛苦!"的行为影响,就是业报,就是因果。

3. 前途光明,希望无穷:业,有约束性,如天才的资赋并非人人能有,视父母的遗传因子而定,受父母及祖父母、曾祖父母等一代又一代的影响而增减,这是先天的业。

业,也有可变性,一个人的祸福休戚,不是定命的,不是完全注定而一成不变的,一切得失成败,还要看这个人日夜呼吸之间的行善或为恶,命运的轨迹写在他的行为因果上,善得善报,恶得恶报,这是后天的业。总括起来说,"罪业本空由心造",我们只要能"随缘消旧业,更莫造新殃",人生前途必然光明无限,希望无穷。如同蛹破茧而成蝶,花开苞而绽香一样,弃去昨日之恶,始能成就今日之善,所以忏悔偈说:

> 往昔所造诸恶业,皆由无始贪瞋痴;
> 从身语意之所生,一切我今皆忏悔。

4. 善恶因果,决定有报:如果我现在坐在牢狱里,没有关系,等我的业、我的罪刑期满了,我就自由了;如果我处处碰壁、头头绝望,没有关系,等我的业消除了,自然否极泰来,一切又有希望了。这个行为业力的第四个要点就是善恶因果,必定有报的。

有的父母亲为了抚儿育女,辛辛苦苦工作,忙忙碌碌赚钱,累得昏天黑地,结果积劳成疾,把偌大家产全部遗留给子女享用,自己反而连一点福都没有享,就撒手尘寰,驾鹤西归,这不是欠儿女的债,做牛做马来报答吗?有的父母半生贫困潦倒,不但不能给儿女幸福生活,反而要靠儿女赚钱供养,由富贵成功的儿女来孝顺侍奉,这不是儿女来还父母的债务,来还这个因果吗?所以善恶业力,在冥冥之中有无穷奥妙的关系。

过去有一对中年夫妇,很虔诚地每日到寺庙礼拜观世音菩萨,请求菩萨垂怜他们膝下犹虚的缺憾。几年过去,果然如愿以偿,生了一个白白胖胖的儿子,这对夫妇高兴得不得了,为了感谢菩萨送子,决定为菩萨塑装金身,而且每日上香供花献果,非常的虔敬。一转眼这个白白胖胖的小儿子长到2岁了,天真可爱,人见人羡,忽然有一天,这小孩子竟然得了急病,一命呜呼。这对夫妇伤心绝望,对着菩萨骂道:"菩萨,我们夫妇为了感谢你赐子之恩,天天上香献花,还为您重装金身,你竟然不庇佑孩子,让死神夺去了孩子的生命,我们明天一定要到庙里找你算账,把替你装的金身敲掉打坏!"

晚上睡觉时,观世音菩萨在这对夫妇梦中显圣开示:"你们的申诉我都知道,你们人过中年而无子女,本来是因果注定无可免,鉴于你们一片诚心,逆转了晚年无子的苦境。可是你们现在生的这个白胖儿子,是你们前世结下的讨债鬼,将来不但会把你们弄得倾家荡产、钱财散尽,还会要你们夫妇的老命。我因怜惜你们夫妇恭敬护持寺院,虔信供养三宝,所以劝这个讨债鬼早日离开你们,成全你们一世善业。你们要了解世间因缘微妙,业报潜消,在时空中是绵延不断的啊!"

这对夫妇在睡梦中蒙观世音菩萨一番点化,猛然惊醒,从此不再自怨自艾,反而更加虔敬地奉持观世音菩萨。

佛光山大愿殿有一副对联,写着:

永念亲恩今日有缘今日度,

本无地狱此心能造此心消。

就是说明罪业善业都是由心所造:心的行为好,虽然历经千百劫难,仍然能得大自在;心的行为不好,即使原有深厚福泽,也会一时冰消。唐代诗人王维有一句诗"山河天眼里,世界法身中",很贴切地形容业力常在的情况。

唐代的仰山慧寂禅师9岁时,被父母送到广州和安寺出家,到了14岁,父母又忽然把他接回家,令他还俗结婚。慧寂禅师不愿意重返红尘,他的父亲不得不说出送他入佛门的因缘:"有位算命先生说你命犯凶煞,如果不投入僧门,求菩萨的庇护,无法抚养长大。现在你已度过厄运,可以还俗了,我与你母亲已为你安排好一门美满姻缘,你又何必执意再回寺里过清苦生活呢?"

慧寂禅师听了,不觉万分感慨,一方面不愿意背弃僧门,一方面又觉得父母用心良苦,恩情深重,但是这种伪善伪信、自私自利的行为,一定会招致报应。于是他趁家人不注意时,用柴刀把自己左手的无名指和小指,一刀斩断下来,长跪不起的请求:"孩儿不肖,身入佛门为正信弟子,此生誓愿求取无上正等正觉,双亲大恩大德,孩儿当时时祈愿回向,却绝不能再还俗娶妻。今断二指,以示决心,请双亲成全孩儿心愿吧!"

他的父母见儿子意志坚决,难再更改,不得不勉强应允,黯然接受慧寂禅师重返僧门的意愿。后来慧寂禅师成为沩山灵佑禅师门下有名的大弟子,成就了中国禅宗里"沩仰宗"一派,人们称他为"小释迦"。

所以,行为业力和因果报应是相生相成,互为循环的。劫,不一定是劫,也许是乘愿之始;福,未必终是福,或许会转为祸之根苗。劫难福祸,尽由因果相乘,因果植于行为善恶,湛湛青天之中,确有不可欺瞒的业力存在。

1982年11月19日讲于高雄中正文化中心

佛教对因缘的看法

如果我们想要事业亨通、生活幸福，
就要和一切众生结现世好因好缘，
甚至结未来善因善缘，乃至和诸佛菩萨结法缘。

两千多年前，释迦牟尼佛"为一大事因缘而降诞于世"，这个大事、这个因缘，就是我们现在通称的"佛法"，也就是佛陀所觉悟的真理。

佛法，和一般的知识学问不同。一般的知识学问，大多注重表面的诠释，是名相表解；佛法则注重内涵的透视，是终极、究竟。以我们的手掌为例，从医学上看，它是许多骨骼、肌肉、神经及细胞所组成；从文学上看，它表现许多风度、姿势及语意；从哲学上看，它蕴含某些命相、情谊；从物理学上看，它的伸缩蜷曲代表许多运动引力……总之，它是个实体，是一种真实存在的东西。而佛法则像X光一样把它透视成一个空虚的影像，是一种必然腐烂灰灭的空假之相。

再举例说明：我伸手向空中一抓，从一般的知识学问来分析，我抓到了空气、微尘，有动作与表相；从佛法来看，却是"如梦幻泡影,如露亦如电"的因缘和合现象。

所以,人的观念狭窄而有限,往往阻碍了对事理最终极的大慧光明,世上的一切苦乐都没有绝对的存在,只是我们的观念与想法有分别而已。我们在接受佛法时,要把一般的观念改一改,由表面的名相,推极究竟到真如实相,开般若光,播菩提种,三昧法水才会流入我们的心田。

佛经里有一则譬喻故事:有位老太太经常哭泣,因为她有两个女儿,大女儿嫁给卖雨伞的,小女儿嫁给卖面条的做媳妇。这位老太太一看到阳光普照,就忧虑得流下眼泪,担心大女儿的雨伞没人买;如果天气不好,下雨了,她还是哭,因为她小女儿店里的面条没有太阳曝晒,面条卖不出去,怎么办呢?如此每天忧心忡忡,无论晴天雨天,她都在哭,左邻右舍劝不过来,干脆称这位老太太为"哭婆"。

有一天,她遇到一位出家人,问她为什么天天哭?她原原本本地说出原委,这位师父听了蔼然一笑说:"老太太,你不要难过,我告诉你一个解脱法门,你就不会天天哭了。"

"哭婆"一听,立刻请问是什么方法,师父说:"你只要把想法改一改:太阳高挂的好天气,不要想大女儿的雨伞卖不出去,而想到小女儿的面条店可以晒很多面条,生意一定兴旺。遇到下雨天的时候,你就改想大女儿的雨伞店可以多卖几把雨伞,生意一定好。"

这位老太太听了之后,恍然大悟,不但不再哭泣,反而天天高兴得笑逐颜开,从"哭婆"一变而为"笑婆"。

我们人人心里有烦恼的事,有困苦的事,然而只要像哭婆一样稍微改变一下,就可以将种种烦恼、困苦一变而为幸福、快乐。这并不需要什么神通,只要稍微了悟一些佛陀微妙的佛法,当下体悟通达,在机锋处一转一破,自然而然能够破愚为明,转痴为悟了。

释迦牟尼佛当初在菩提树下金刚座上,夜睹明星而成正等正觉。当流星灿然划空而过的时候,佛陀到底觉悟了什么?

他觉悟了宇宙人生的真理。

佛陀觉悟的真理又是什么?

是因缘,是缘起。

如果我们能懂得因缘缘起的真理而受用,必定也能像佛陀一般,舍弃这个有漏世间的一切烦恼困苦。经上说:"诸法因缘生,诸法因缘灭。"因缘,就是人与人之间的相互关系,人与人之间相敬相爱、相争相逐、相善相恶……的种种关系,就是"因缘"。懂得因缘,可以了悟世间众生的运命浮沉,懂得世间生命的缘起缘灭,对于宇宙人生的真理就会洞然明白了。

世上生灭不已的因缘有四种:

1. 无因无缘:很多人认为世间的一切都是冥冥之中完全注定,是偶然的、神意的、宿命的,不是因缘的关系。好像石头本来榨不出油,如果石头竟然能榨出油来,他们不去探索石油层的结构与形成原因,只会认为是偶然如此;小孩子吃得太多太饱而噎死胀死了,他们不去追究饱食的祸因,只会一味地哭喊:"命呀!命呀!"强盗因抢夺不遂而起意杀人,被害人家属也只会归之于宿命如此;可怜的是那种把一切归之于上帝旨意的人,认为一切都是神吩咐的,否定了现世人生的自主价值,也否定了一切努力的自我意义,如此彻底抹杀了人生的努力而专讲命运的,是邪命外道,不是正确的因缘论。

2. 无因有缘：这种人认为世界上没有什么过去的因缘果报，都是现实上的机缘凑合而成，是一种"万事俱备，只欠东风"的论调。例如同一父母所生的子女，有的肯争气而成功，有的不争气没出息，就怪罪运气不好，机会太少，而忽略了他们教育过程和心理境界的歧异；同一个老师教导出来的学生，成绩好坏不同，则归咎于他们的努力和程度不够，而忽略了先天聪明才智的不同，这就是"只知其一，不知其二"的偏见。

3. 有因无缘：有些人认为因和缘是两回事，认为事出或者有因，却不见得有缘，忽略了因缘生灭的奥义。许多怀才不遇的例子就是这样——年轻时去求职，公司要老成的，好不容易老成了，他们却又要年轻的；到一家公司求职，他们要结过婚的，赶快订婚结婚再去求职，他们却要不结婚的。类似的情形常常发生，有些人会以为因和缘是两回事，有因未必有缘，有缘未必有因，而忽略了因缘并非一成不变的东西，它随时在时间和空间中生生灭灭，是不会停下来等你的。俗话说："善有善报，恶有恶报，不是不报，时候未到。"就是这个意思。

上面所说的三种因缘都是一偏之见，不是佛教正确的因缘论。在佛法里面，我们相信因缘果报是环环相衔的，是相生相成的，一切事情都是"有因有缘"。

4. 有因有缘：佛教认为一切法都由因缘贯穿联结，无论大小乘、性理事相、世出世间，一切有为法必依因缘和合而生，《楞严经疏》云："圣教自浅至深，说一切法，不出因缘二字。"譬如建造一栋房子，一定要有砖瓦、木料、水泥……等很多条件结合起来，才能建筑完成；又如同我们请客，也必须具备一些基本条件：彼此的交情够不够？对方有没有困难？此时此地是否适合……必须各种因缘具足了，这场宴会才能圆满举行，因缘不具备，事情就无法成就。

有位富翁请客，宾客来了一半，还有一半未到，厨师问要不要先上菜？富翁说等一等，结果等了半天，看看时间已经过去很久了，还有很多重要的贵宾没有来。富翁心里很着急，忍不住焦灼万分地埋怨道："唉！好不容易请一次客，该来的不来！"

那些围桌而坐的客人一听，顿时觉得脸上讪讪的有些挂不住，心想："原来主人并不是真心邀请我的，既然主人已经表示了不欢迎，我还赖在这里做什么？"这些人越坐越不自在，就一个个悄悄地离席而去。富翁一看客人又走了不少，顺口又说："唉！好不容易请一次客，不该走的都走了！"话一说完，那些原先不好意思走的客人，一个个满脸怒气地掉头而去。

有因有缘，一切事情才能成就，如果自己破坏了因缘，自己不能把握因缘，万事万物当然很难圆满了。以下将佛教对于因缘的看法分为四点来说明。

一、因缘与人我的关系

现在流行讲"人际关系"，人际关系好，做事便顺利，人际关系不好，麻烦就很多，"力强为因，力弱为缘"，"人际关系"就是一种因缘。

做生意，要先筹集资本、调查市场潜力、安排投资环境及条件……种种条件规划安排得好，生意就能顺利开展，否则便会失败。这种种企划安排，就是做生意的"因缘"。

对于人我的因缘关系，要懂得感恩因缘，不要斩杀因缘。像梁武帝见达摩的一段史话,就是因缘不投的例子——

禅宗初祖达摩,是在梁武帝普通元年从印度航海到广州,由梁武帝派人护送迎请入京的。初见达摩大师,梁武帝便有邀功倨傲之心,开头即问:"我曾经建造许多寺庙,抄写了许多佛经,供养许多僧尼,大师看我的功德如何?"

达摩大师回答:"无有功德。"

梁武帝有些不高兴,便追问:"明明功德巍巍,怎么说没有功德?"

达摩大师说:"陛下这些功德,不过是人天小果,是有漏之因,如同影随身显,却无实体,只是一种空相。"

"那么,如何才算是有功德呢?"

达摩大师开示:"不可着功德之相。自净其意,自空其体,不着贪相,不以世求。"

梁武帝不能了悟妙义,还存着贡高我慢的私心,亟于表现一国之君的智慧,就气焰万丈地继续问道:"天上地下,何谓至圣?"

达摩大师识出梁武帝的私心,更不宽贷地说:"天上地下,无圣无凡。"

梁武帝生气地问:"你知道我是谁吗?"

达摩大师淡淡一笑,摇头:"不知道。"

梁武帝一向自认为是佛教的大功德主,自以为盛名远播,既怀炫耀之心,又缺乏见道之诚,哪里受得了这番奚落?当下摆出圣明天子的威势,拂袖而去,从此失去了达摩印心的因缘,失去了中国佛教蜕化的契机;后来虽然悔悟改过再度迎请,却再也追不回来了。

由于梁武帝我执太重，名心炽烈，先着功德相，又偏离中道，不能了悟佛法"非真非假，非善非恶"的第一义谛，前因既不善，现缘亦不佳，难免有话不投机的后果。

《华严经》云："刹尘心念可数知，大海中水可饮尽，虚空可量风可系，无能尽说佛功德。"六祖惠能向五祖弘忍大师求法时，五祖问："你从哪里来，来寻求什么？"

"弟子自岭南来，但求成佛作祖。"

五祖为测试此子凤缘，不假辞色说道："你不过是小小一个岭南蛮子，如何敢企求成佛作祖的境界？"

惠能回答："人有东西南北之分，佛性没有东西南北的分限；因缘和合，人人都能成佛，我为何不能作祖？"

五祖当下深觉契合："很好，你就留下来，到槽房工作吧。"从此一连八个月，惠能天天拿着柴刀砍柴，天天在腰上绑了石块，踏着石碓舂米，虽然五祖对他不闻不问，不传一句佛法；惠能却无一丝怨怼，一直到五祖在深夜将衣钵传给他时，才用一首偈语道破了这一段公案：

　　有情来下种，因地果还生；
　　无情亦无种，无性亦无生。

意思是说：当初你远自岭南来向我求道的时候，你的因虽已成熟，情也恳切，环境的机缘却还不够圆满，所以我必须让你先自我打磨一段时间，等一切因缘具备了，才传法给你。

由此可知因缘与人我之间，往往有密不可分的关系，没有相当圆满的因缘和合，人际关系会有欠缺、遗憾，任何事都要依因缘成熟的快慢而衍变成就。好比有的花春天播种，秋天就开得灿烂了；

有的花今年下种，却要等到明年才能开花；有的花更久，种是种了，却要生长几年才开花结果。

唐代有名的文学家韩愈，被贬到潮州当刺史，潮州地处偏远，人文未开，没有谈心论道的对象，听说大颠禅师在当地弘化，立刻整装前去参访，恰巧禅师在打坐。韩愈站在旁边鹄候良久，禅师还是不出定，韩愈久候多时，心生厌烦，正要举步离去，守护在禅师身旁的侍者忽然开腔："先以定动，后以智拔。"这一声如春雷震耳，铿锵有力，韩愈因为适时适机，终于在侍者处巧遇得度的缘分。

人世间的因缘，忽而邂逅，忽而离散，总有个理则在，"不经一番寒彻骨，焉得梅花扑鼻香"，很多事总要事先有因有缘，才会开花结果。如同石头希迁禅师初见他的老师青原行思禅师的时候，青原禅师问他是否出自曹溪（六祖惠能）门下，拜师之前心里有些什么障碍没有，石头希迁回道："我去曹溪求师之前，并不缺少什么。"

"既已圆满，何必更去曹溪参学？"

石头希迁禅师回答："假如不去曹溪，怎知我什么都不缺，又如何照见身心自在。"

这是说：一切因缘，都要在本来面目上求，在生活境遇中证悟。时时清凉水，是因缘；处处般若花，是因缘；父母生养我们，是亲情因缘；师长教育我们，是学问因缘；农工商贾供应我们的生活物品，是社会因缘；开车、搭车，是行路因缘；观看电视，是视听的因缘……靠这么多的因缘和合，我们才能过着快乐自由的生活。

对于人我之间的因缘关系，就如弥勒法语所说：

> 眼前都是有缘人，相见相亲，怎不满腔欢喜？
> 世上尽多难耐事，自作自受，何妨大肚包容。

二、怎样知道因缘的存在

我们怎么确定因缘的存在，如实地去发现它、把握它？这好比工厂的机器正在运转时，忽然停止不动了，技师拆开来一检查，原来是一根小小的螺丝钉断了，这根小螺丝钉就是因，因缘不具备，机器自然动不起来。盖房子要灌水泥，如果少了一根承梁，支撑的力量不够，整个混凝土屋顶都会塌下来。因缘少一点，境遇的顺遂会有很大的差异。

花为什么开不出美丽芬芳的花朵？果树为什么长不出硕大甜美的水果？是因为少了水分，少了肥料的助缘。美国发射航天飞机到太空探测，有时会因为某种零件故障而延迟升空，或因电脑出了毛病而停摆，凡事只要因缘差一点，事物的境相都会层层衍变。

无论做什么事情，如果不顺利，必须好好反省检讨，看是什么地方缺少了因缘，千万不要怨天尤人，自取其咎。例如现在很多青年男女相亲相爱，明明门当户对，可是父母反对他们结婚，缺了因缘的辅助，婚姻就不顺遂，这是无缘；有的青年男女一见钟情，闪电式的结婚了，连他们自己都不知所以然，男的说是"情人眼里出西施"，女的说是"有缘千里来相会"，这就是缘分。

《那先比丘经》记载，有一次，弥兰陀王问那先比丘："眼睛是你的吗？"

那先比丘回答："不是。"

弥兰陀王又问："耳朵、鼻子、舌头是你吗？"

那先比丘答:"不是。"

"那么,真正的你就是身体了?"

"不,色身只是假合的存在。"

"意,是你真正的体?"

"也不是。"

弥兰陀王扬起了脸:"既然眼、耳、鼻、舌、身、意都不是你,不能代表你真实自在的本体,那么,你在哪里?"

那先比丘反问:"窗子是房子吗?"

弥兰陀王一愕,回答:"不是。"

"门、砖、瓦是房子吗?"

"不是。"

"那么床椅、梁柱才是房子了?"

"也不是。"

那先比丘反问:"既然窗、门、砖、瓦、梁、柱、床、椅都不是房子,那么,房子在哪里?"

弥兰陀王恍然大悟,房子要靠各种因缘具备才能完成一栋房子,人也是诸般因缘和合而成为人;只要懂得因缘法,认识因缘的存在,处处种好因,时时结好缘,人生必能无往不利、所到亨通,如诗所云:"若人识得因缘法,秋霜冬雪皆是春。"

三、因缘的层次与疑解

因缘,有哪几种呢?以下从四个方向来看:

1. 有因缘与无因缘:因缘,不是知识上的问题,不是靠研究讨论而能得知,因缘的真理是要靠自己在事理上修行,在心境中证悟才能体会出来的。这种经由真实的修行、了悟而体会的因缘，是"有因缘"，在因缘法里，你我的法性都是平等的，宇宙即是我心，我心即是宇宙，这就是懂得因缘。如果只是滞留在表解的理论上，表现在空洞的言语中，则是"无因缘"，是缘木求鱼了。

2. 白因缘与黑因缘：因缘，有善有恶，白因缘是善的因缘，黑因缘是恶的因缘。若人生百岁，不解生灭法，不能明白生灭的终极究竟道理，对因缘只有肤浅的认知，很容易受外界环境的变迁而随波逐流，陷溺在黑暗、恶性的因缘里无法自拔；反过来说，如果道心坚定，信念不变，那么，所成就的因缘就会是光明、善良的因缘。

3. 内因缘与外因缘：因缘，有外在与内在的不同，外在的因缘是一般因缘，内在的因缘是价值因缘。好像同一块田地，外在的因缘是一样的，可是不同的种子播种下去，收成就不一样，这个种子就是价值因缘。再举个例子，一样的父母，养出不一样的儿女；一样的老师，教出来的学生造诣各殊——外在的一般因缘如父母、老师虽然相同，可是内在的价值因缘如资质、心力却各有千秋。所以说因缘有内外，外缘虽然具足，如果内在因不好，果报就产生种种差异。

4. 正因缘与邪因缘：因缘有正、邪，有的人生了病，知道是身心失调，接受对症下药的医疗，病就好了，这是"正因缘"；有的人生病不能找出生病的真正原因，反而疑神疑鬼，以为是神明的惩罚，到处求神明拜庙，画符、念咒、吃香灰，结果病情反而加重，这就是"邪因缘"。很多事或顺利或不顺利，障碍困难或多或少，有时是导因于对因缘的认识不够正确，因此我们要懂得趋正避邪。

其次说到因缘的层次，因缘有四种层次：就是正见、因缘、空、般若。

1. 正见：凡夫所能了解的因缘，就是正见。一般人经由各种学识、经验，容易了解世间许多痴妄的因缘，例如：病痛、烦恼、破财等等，能知因离苦，得到解脱，这是入世法的因缘。

2. 因缘：到了阿罗汉的程度，他了解出世法，能够看破五阴皆空，离所知障，把心灵提升到更高一层的境界，知道万事万物无对立，知道六道众生相互而生，他就懂得"因缘"的真境了。

3. 空：空是菩萨的阶段，这时候不但证悟了世间法，也证悟出世间法，而且能进一步以出世之心行入世之缘，"一色一香无非道，或语或默终是禅"，以空为因为缘，自然能知成万事了。

4. 般若：这是佛陀的层次，是证悟了自性般若之后，本体与现象不二的境界。在这个境界里，没有世间法与出世间法的界限，也泯除了一切人我世相的痕迹，因缘自来自去，白云空往空回，一切自然和合圆满。

换一种说法来了解这四种层次：

一切乐器演奏，如笛、箫、提琴、钢琴之类，在刚开始下手学习时，都要从认谱和按键按弦开始，一音一调地练习、摸索，依照乐谱上的记号一个音一个音地弹，直到练熟为止，这是第一阶段。这种必须看谱才能弹的情形，对于外境仍有认识作用，是第一层次的正见。

等到完全练得纯熟流利的时候，乐谱已经铭刻在心版上，不需要看谱就可照弹，这时候不看谱而心中有谱，闭上眼睛，音符自然而然从心中谱出。外表上虽然可以不看谱演奏，可是心里毕竟还是有个谱本的囿限在，还是要依样画葫芦地照谱演奏，不能肆意挥洒,这种内外合一的第二阶段,是第二层次的因缘。

继续用心练下去,可以进入内外相忘的境界,不看谱,心中亦无谱,一阕乐章可以浑然忘我地一气呵成,完全流转无痕,这是第三层次的"空"。心内心外都没有谱,却总还有个谱的因,要照存在的谱弹,不能随手自成乐章。

等到对音韵、乐理两皆圆融无碍了,就可以与大化共流行,随心之所游、神之所驰而挥洒成曲,一游心即是般若,一挥手尽成妙谛,这种无内无外、无忘无不忘的境界,便是最高层次的"般若因缘"。

一般人连"正见"都还未具备,常常对世间持颠倒的看法:明明是烦恼的名利富贵,却当成快乐的享受;明明是平等一如的真如自性,偏要依阶级成就划分出高下界限;明明本来是互相关心、互相和合的因缘,却硬要互不信任、互不和爱的弄出是是非非,这真是何苦呢?只有正确地认识因缘,体证般若定慧,不拘泥于世相,不执滞于人我,才能和诸佛一鼻孔出气,游心法界,逍遥自在。

四、怎样广结善缘

有人说 20 世纪最伟大的发明就是人与人之间的沟通。佛经说:"未成佛道,先结人缘。"所谓结缘,是和他人建立融洽的关系和良好的沟通。

人生最可贵的事就是"结缘",为了我们自己的生活愉悦,也为了大家的生命快乐,广结善缘实在重要。那么,怎么样才能广结善缘呢?

过去,有人在路上点灯和行人结缘,有人做茶亭施茶与人结缘,有人造桥梁衔接两岸与人结缘,有人挖水井供养大众结缘,这

些都是很可贵的善缘。只要有善心,自然善缘处处在,善门处处开。以下略举几种结缘的方法:

1. 经济结缘:有时一枚铜圆也可以跟别人结善缘,不但带给别人亲切感,甚至救人救己。有个年轻军官,看到一位贫困的老婆婆哭着要自杀,原来她家仅有的一枚铜板被拐骗,换成了假钱。军官心有不忍,于是拿了一枚真铜圆跟她换假钱,随手放在胸口,也就上前线去了。有一天,一颗子弹正射过来,年轻军官来不及闪躲,只感到胸前震了一下,竟然没有受伤。他惊魂未定,摸摸全身,从上衣口袋里掏出一块正中央凹下去的铜钱,他才明白,原来是这枚假铜圆救了他一命。这一枚铜圆的结缘,真是功德无量。

2. 语言结缘:别人灰心的时候,你鼓励他一句话,对方就有绝处逢生的感觉;别人失望的时候,你赞美他一句话,他就觉得人生可爱多了。所谓"一字之褒,荣于华衮;一字之贬,严于斧钺",一句好话可以使人我快乐、天地清平。

3. 功德结缘:一件小小的善事,一个小小的善心,都可以蔚成大功德。荷兰曾经有一个小孩子,傍晚从海边堤防走回家,发现堤防上有一个小洞,海水正慢慢地从洞口流出来,他想:这不得了!要是不赶快把它堵塞起来,明天这堤防就会溃决,海水会淹没整个城市的。这个小孩子一发善心,找不到东西堵塞,就用手指头去堵,整晚他站在风雨中,到了天亮后,才被人发现他僵冷地晕倒在堤防边,手指头还紧紧塞在洞里;他的一根指头,挽救了全城居民的生命财产。所以,"勿以恶小而为之,勿以善小而不为",一个小小的善心,能够拯救无量的生命,成就无限的功德。

4. 教育结缘:我们也可以用知识或技术与人法布施。往往一句睿智的语言,可能影响对方一生,成为他生活的指南和处世的依据;教别人一点知识或技术,他日将成为他人立身处世的本领。

5. 服务结缘:在某些事情上给别人一点方便,有时会成为大家钦佩敬爱的对象。譬如警察在十字路口搀扶老婆婆过街,为人民警察树立美好的形象;售货小姐亲切地引导客人买东西,让顾客享受到购买的乐趣;小朋友在公共汽车上很有礼貌地让位给老人,使我们对国家的未来有信心。这些都是日常生活中给人的服务结缘。

6. 身体结缘:一个微笑,一个举手,有时候会带来意想不到的善缘。曾经有一个失业的青年徘徊在台北火车站前,望着车水马龙的繁华景色发愣,想找一个有钱人的轿车撞上去自杀,以便让贫穷的老母亲得到一笔抚恤金过日子。正在他万念俱灰的时候,有一个高贵美丽的小姐经过他面前,对他微微一笑地点了个头,这个青年一高兴,竟忘了寻死;第二天他居然得到了一份工作养家,更不想死了。一个笑容的因缘多么大。

学佛法、做功德,有时候不一定要入山修行或施舍钱财,有时候一句好话、一件善事、一个微笑、一点知识,都能给我们的人生广结善缘,成就大好功德。中国佛教有四大名山,四大名山各有一个菩萨应世传法,就是我们通常称念的观世音菩萨、地藏菩萨、文殊菩萨、普贤菩萨。这四位大菩萨各有殊胜的因缘——

观世音菩萨以慈悲为缘,普度众生,在他的慈心悲愿里,一切众生承受了慈悲的法乳,成就了慈悲的心怀。

地藏菩萨以愿力为缘,"众生度尽,方证菩提,地狱不空,誓不成佛。"千百年来,地藏菩萨的这四句无量愿偈,为世人指出成佛路，为佛法点出了长明灯。

文殊菩萨以智慧为缘，出广长舌，说无上法，为盲者现光明，为瘖者演法音，以他的睿智大慧为中国佛教开创至深至妙的大般若境界。

普贤菩萨以实践为缘，举手投足皆是道，扬眉瞬目无非法，为中国佛学树立了崇朴务实的道范与高风。

除了四大菩萨之外，历代高僧大德，个个都有独到的结缘法门。例如弘一大师以书法与人结缘，只要是向慕佛法的人，他从不吝惜以笔墨写经句，结法缘；他自己更是严谨修行，坚守戒律，以持戒与人结缘，绝无一言谤法，无一行犯戒，为佛法树立了"华枝春满，天心月圆"的崇高典范。

虚云老和尚以禅定与人结缘，如如不动，一心不乱，不说法而法音宣流，接万机而不随境转。太虚大师则以说法为缘，或以文字演绎般若，或以讲经启迪迷津，奔走各方，为中国佛教的起死回生打下一剂清凉药方。善导大师以光明和大众结缘，使眼盲者心不盲，使心盲者重现智光，为黑暗污浊的人间带来一片光明。印光大师以念佛结缘，从念念观佛相续不断，日日持诵佛号不绝的修持中，引导信众对弥陀净土产生坚定的信心，和弥陀世尊结下妙善的因缘。

其他如印度的须达长者以布施结缘，建造了祇园精舍，成为佛陀在印度北方弘化的场所，而受到举国的敬仰。又如永明延寿禅师以放生结缘，救度了无数水族走兽免受刀俎油锅的灾难。龙裤国师以奉茶结缘，让饥渴的旅人游子得到甘露的滋润、清凉的庇荫，有力气跋涉更遥远的路途。

个人的生命要依靠六根的配合聚会,才能生活愉快;社会要靠群体的结合营运,才能发挥功能效用;我们日常生活的一切要仰仗士农工商的合作无间,物流畅通,才能衣食无缺,免于匮乏,因此我们要感谢因缘,感谢众多的人成就我们。如果我们想要事业亨通、生活幸福,就要和一切众生结现世好因好缘,甚至结未来善因善缘,乃至和诸佛菩萨结法缘。能够把握因缘、创造因缘、随顺因缘,"十方来,十方去,共成十方事;万人施,万人舍,同结万人缘",必能成佛有份,菩提证成。

1982年11月20日讲于高雄中正文化中心

佛教对因果的看法

因果,是人间的实相,也是高深的哲学;
有因必有果,其准确性胜似现代的电脑科技。

因果,不是一般劝善,教人做好事而已,因果,是人间的实相,也是高深的哲学;有因必有果,其准确性胜似现代的电脑科技。《尚书》云:"天作孽,犹可违;自作孽,不可逭。"因果报应是人间所不能勉强,苍天所不能更易,即使鬼神也不能违抗的定律,它支配了宇宙人生的一切,也种下了横亘过去、现在、未来的三世因缘。如《涅槃经·遗教品》指出:"善恶之报,如影随形;三世因果,循环不失。此生空过,后悔无追!"

因果是由谁在操纵?由谁来主使?它是由万法因缘所起的"因力"操纵,由诸法摄受所成之"因相"主使,有其超然独立的特性。人可以改变天意,但不能改变天理,也就是不能改变因果;因分果分,是佛陀证悟之性海,为三际诸佛自知之法界,是不可妄加厘测的。我们常常听到某些人自夸说:"我什么都不怕。"这实在是幼稚、张狂而愚昧无知的诳言;人可以不怕鬼神,不怕生死,不怕诸佛菩萨,但是却不能不怕业报,不畏因果。

佛教里有两句具有深远意义的话说:"菩萨畏因,众生畏果。"说明菩萨和众生不同的地方,就在于对因果的看法不一样。"菩萨畏因",表示菩萨慎于始,知道"招果为因",对于一切事理的迹象不昧不滞,能够洞察先机,防患于未然;而众生不怕"因",往往逞一时之快,意气用事做了再说,不能善始亦不能善终,因而无明造作一些罪业之后,害怕受到惩罚、报应,终日忐忑不安,这就是"凡夫畏果"了。

《安士全书》云:"信因果者,其心常畏,畏则不敢为恶;不信因果者,其心常荡,荡则无所忌惮。一人畏而行一善,万人即增万善;一人荡而造一恶,万人即增万恶。故曰人人知因果,大治之道也;人人不信因果,大乱之道也。"维系我们社会秩序的基本条件有礼俗、道德、法律,但是最大的力量还是"因果";法律的约束是有形的,道德礼俗的制裁是有限的,都不如"因果"观念深藏在每个人心里,做严厉、正直的审判。如果我们知道这个世界上人类的幸福、痛苦不是由神权来控制,而是由"因果"裁决,幸与不幸完全由自身所作所为而定,有了这层"因果"的体悟,随时随地都能约束自己的行为,规范自我的意念,以维系善良的人情风俗,那么,社会国家就能迈向祥和康庄的境界了。

因果,是保护大家的心灵法律,并不囿于佛教的独门妙谛。因果是不可替代的,如《地藏菩萨本愿经》所说:因果,自作自受,即使是父母兄弟之亲,都不能彼此相代,何况旁人。过去有一位母亲,对她儿子笃信因果报应颇不以为然,屡屡对儿子说:"傻瓜!因果报应是唬人的,如果真有什么因果制裁,有妈妈替你顶,怕什么!"

有一天，这个孩子被刀子割伤了手，痛得眼泪直流，做妈妈的眼看儿子血流不止，在一旁跺脚干着急，心疼却无计可施。小小的肌肤之痛，父母都无法代替子女受苦，又何况是祸福生死的因果报应呢！所以，自己的行为要自己负责，因果报应也由自己来承受。

以下，分为四点来谈因说果。

一、从衣食住行来谈因果

因果，不只是佛门各宗所弘示的道理，更是每一个人衣食住行之中，随手可拈、随处可证的真理。例如肚子饿了要吃饭，天气转凉要穿衣保暖；肚子饱是一种"果"，有了空腹进食的"因"，才能收肚子饱的"果"，天气转凉时，要穿衣保暖，冷是"因"，暖是"果"。

有些人一出生就住在繁华都市，享受文明生活，有些人却终其一生都在荒山野地垦拓，在穷乡僻壤营生，日日因苦月月穷劳，这不是命运不公平，是因缘果报不同。有些人生来就住在花园洋房、高楼大厦，不受严寒酷暑的侵袭，有人却穷居陋巷和违章建筑，受着凄风苦雨吹打，这不是世事不公平，是因缘果报差异。

同样是人，为什么有人富贵，有人贫苦？为什么有人锦衣玉食似王侯，有人三餐不继如饿殍？这都是他们自作自受的因果不同，并不是命运和世事对他们不公平；怎么样的因地修行，便有怎么样的果证福报，因果原是相生相成的。

北宋时的大文豪黄山谷，曾写过一首戒杀诗：

　　我肉众生肉，名殊体不殊，
　　原同一种性，只为别形躯。
　　苦恼从他受，甘肥任我需，

莫教阎老断，自揣应如何？

这是说：我与众生的地位、名称虽然不同，其实都有一样的真如自性，只不过在转世投胎时，应机随报而成为人、羊、牛等不同躯壳而已。如果只为了满足自己的口腹之欲，而不顾众生的痛苦，那么，不必等到阎罗王来审判，自己扪心想想，这样对待众生是不是公平呢？如是因，如是果，造什么业，受什么报，是分毫不变的。另外，愿云禅师有一偈将因果讲得更透彻：

千百年来碗里羹，怨深似海恨难平；

欲知世上刀兵劫，但听屠门夜半声。

有些贪食美味的饕餮，专喜欢杀取稚鸟，为了个人区区的口腹之欲，不但拆散动物的天伦之爱，许多珍禽异兽更因人类的贪餍，面临绝种的危机，间接造成严重的生态破坏。人类虽然享受到一时的甘肥，却为自己造下恶因，也为世世代代子孙留下灾厄；殊不知杀戮太多，共业所感，将会种下他日兵灾劫难的祸因。其实，世间的一切，都在因缘果报中轮回，报应历历不爽；一个人幸福或不幸福，贫贱或尊贵，都是其来有自，有因有果的，并非凭空碰运气而来。三世因果，俱由业识所成，"十来偈"中说得最是深入浅出：

长寿者慈悲中来，短命者杀生中来；

端正者忍辱中来，贫穷者悭贪中来；

高位者恭敬中来，下贱者骄慢中来；

瘖哑者诽谤中来，盲聋者不信中来；

诸根不具者破戒中来，诸根具足者持戒中来。

这首偈告诉我们：人间的贫富贵贱，生命的长寿夭亡，容貌的端正缺失，不是第三者所能操纵，而是取决于自己的身口意三业是否清净，悲心是否远大，愿力是否真切。不但衣食住行有因果，祸福生死也有因果，我们过去培植了多少福德因缘，现在就有多少福报如意，所以要知道爱惜，不可恣意为恶。

我们这一生中，如果希望拥有富贵、幸福、圆满，就应该培福、惜福。在消极上，要爱惜福德，好比银行的存款要节约惜守，不能乱花乱用挥霍掉，更不能用完，像《朱子治家格言》说的："一粥一饭，当思来处不易；半丝半缕，恒念物力维艰。宜未雨而绸缪，毋临渴而掘井。"不浪费自己的福德。积极上，还要培植福德，满山满谷的存粮总有吃完的时候，只有在田地里流汗播种，才有灿烂的收成。

世间上没有无因之果，也没有无果之因，既没有异因之果，更不会有异果之因了，因果如何，全在自己。

二、从你我他等来谈因果

世间上的每个人，尽管出生的国家和地方不同，你不认识我，我不熟悉你，看起来好像没有什么关系，其实你我他都是有缘人。佛经说：假如一个人证得了"宿命通"，他可以知道人生过去、现在、未来的多重因果关系，以及众生在多生多劫以来，哪些人做过他的父母、兄弟、姐妹及六亲眷属。

过去有户人家办喜事，亲朋好友都来喝喜酒，筵席摆满了一条街，锣鼓喧天，热闹非凡。这时来了一位风尘仆仆的出家人，站在门边不停地摇头叹气，引起很多人的讶异，有人问："师父，人家办喜事，你叹什么气？"

这位出家人念了一首偈回答：

牛羊六畜席上坐,三世祖母娶为妇;

堂上敲鼓打公皮,锅内煎煮是姑姨。

意思是说:这场婚礼,是老祖母去世后,再投生转世嫁给孙儿;端坐在席上大吃大喝的亲朋好友,都是前世的牛羊猪马;堂上敲着的鼓,是用前世公公的皮绷成的;锅子里煎煮着的,正是这一家的六亲眷属姑母姨娘。这些都是造作种种乖违无明,在转生有情、迁流六道时,受业的牵系,而成就各种不同的形相和躯壳。其实,每个人的真如本性是一样的,只是后天的清澄、垢浊不同,引发出不同的执离,使一切在因果中生生灭灭,而你我也尽在因果中相即相离、相识相隔了。

肉身不坏的慈航法师,他在圆寂前做了一首遗偈示诫大众:

奉劝一切徒众:时时反省为要;

每日动念行为,检点功过多少。

只要自觉心安,东西南北都好;

如果一人未度,切莫自己逃了。

法性本来空寂,因果丝毫不少;

自作还是自受,谁也替你不了。

空花水月道场,处处时时建好;

望尔广结善缘,自度度他宜早。

慈航法师的遗嘱,是希望我们重视因果的关系,不要迷昧昏沉、轻忽怠惰,放纵六根六识,攀缘五欲六尘,孳生百孽百障。古时候父母犯罪累及子女,甚至株连九族,也就是所谓父债子还。我们说法律是"法网恢恢,疏而不漏",但法律有时也会让作奸犯科的人逍遥法外。在因果业报之前,为善者必获福,为恶者必遭殃,一切自作自受,任何人都替代不了,所谓"父作不善,子不代受;子作不善,父亦不受"。

或许有人会质疑,既然父母子女不受,那么古人说"积善之家,必有余庆;积不善之家,必有余殃",这其中的余庆、余殃又作何解释呢?依佛教的看法,这种福祸庆劫的果报,是来自彼此之间累劫累世所造作的因果关系。

有位年轻人爬山遇难,不幸头部受重创,救难人员急忙打电话找脑科专家拯救,那位名医马上答应动身前往,不料却在半路被一个中年人拦截,用刀抵着他脖子威胁说:"下来!我要用车!"

医生着急地解释:"我是医生,有个病人情况危急,正等我去施救……"歹徒不等他说完,一拉扯,就把他拉下车,呼啸而去。医生又气又急,想到年轻人垂危挣扎命在旦夕,赶快再找车子赶路,等到他好不容易拦到车子,赶到山上时,已是三更半夜了。围在现场的救难人员一看到他,就顿脚叹气地指责说:"怎么这样迟才来?他半个钟头前已经咽气了!"医生疲惫不堪地近前一看,年轻人果然已气绝身亡,旁边蹲着一位哀哀恸哭的男子,连声悲泣:"我的儿子呀!我的儿子呀!"医生一眼认出他就是半路拦车而去的人,不觉气上心头,一把抓住他的衣领骂道:"就是你!就是你害死你儿子的!"

原来那位男子,为了赶来看受伤的儿子,不顾一切地劫车,想不到劫了赶来急救的医生的车,使医生半途耽误,送掉儿子一条命。所以,有时候,你、我、他等的关系,不但有因有果,而且错综复杂,不但各人作恶各人自受,有时余殃未尽,也不免会连累、遗害子女。《司马温公家训》里提到:"积金以遗子孙,子孙未必能享;积书以遗子孙,子孙未必能读;不如积德于冥冥之中,以遗子孙长久之计。"这实在值得大家深思。

佛教里面还有一首《劝世偈》,意义相当深远:

天地覆载我,多生消不得;父母养育我,终生报不得。
人人愿百岁,这个求不得;个个要富贵,勉强要不得。
终日事茫茫,要闲闲不得;直待老来时,凡事做不得。
道理十分明,说得行不得;头发白茫茫,要黑黑不得。
好事都该做,钱财舍不得;骗积起家财,子孙守不得。
切莫结冤仇,累世解不得;咽喉三寸气,断了接不得。
心下千般气,对人说不得;鬼判来拿时,半刻推不得。
大小哭啼啼,有耳听不得;骨肉正团圆,要留留不得。
冤家相遇时,有路躲不得;相识若干人,有眼认不得。
气断不多时,容颜看不得;四大冷如冰,浑身动不得。
六片木棺材,人人少不得;家资千万贯,临行带不得。
空手见阎王,有钱用不得;思量烦恼迟,要回回不得。
未曾过七日,鼻孔闻不得;阎王不顺情,佛也救不得。
灵前好供养,起来吃不得;从前不肯修,而今说不得。
经典积高山,无缘看不得;黄泉独自行,儿女伴不得。
不孝忤逆儿,天地容不得;酒醉打死人,醒了悔不得。
王法重如山,犯了饶不得;自作还自受,别人替不得。
尔若做好人,他人分不得;修行证果时,六亲俱度得。

佛经上说佛的境界不可思议,众生的因果业报也不可思议,如能了解因果关系,就能体证佛法的真谛。因此,我们平日应该努力建立良好的你我因果关系,广结善缘,那么必然能够利己利人,得到甚深的法益。

三、从过去、现在、未来谈因果

因果报应，从时间而言，就是过去和现在，现在和未来相互之间的关系，佛经上有"三时报"的说法，就是现报、生报、后报。

所谓"现报"，是说现世报，现在就有报应。

所谓"生报"，是指今生做的事，到来生才受报应。

所谓"后报"，是指今生所做种种业，没有现世报，也不受再生报，而要经过多生之后才有报应。譬如植物有的春天种，秋天就开花结果，这是"现报"；有的今年种，明年才能开花结果，这相当于"生报"；有的现在种，却要等很多年之后才会开花结果，这可以说是"后报"。有一首诗偈说：

行藏虚实自家知，祸福因由更问谁？

善恶到头终有报，只争来早与来迟。

俗话说："不是不报，时候未到。"从时间上看因果，是早晚的分别而已，因果，是毫厘不爽的。我们常听到有人抱怨："这个人终年茹素修行，诵经礼佛，做了不少功德善事，可是一生却多灾多难，几乎没有一天好日子过，老天爷实在没有眼睛，这么善良的好人，却受到这么恶劣的命运，哪里还有因果报应？""那个人无恶不做，什么坏事都做尽了，早该受到天谴才对，可是却富贵又风光，哪里有什么灾难？"对于这些问题，有时候连信仰很虔诚的人，也难免会生起疑惑。其实，这些都是不明白因果关系。

有人虔心拜佛，积功行德，可是一直没有福报，是因为他过去的债务欠太多了，过去生的业障还没有清偿完，所以纵使今生功德如山，过去的债仍然不得不还，因此受苦受难是免不了的，必须等到业障消除了，才能享有今生的果报。至于那些为非作歹而过得幸福快乐的人，是因为他过去生种的福田大，所积的功德还没用完，等到用完了，自然会受劫遭殃、苦难临头。

过去有一位老法师发心建一座庙，他四处化缘，以诵经、说法来感化大众，与众生广结善缘，可是辛苦化缘了三个多月，始终没有人理他。旁边一位卖烧饼的小孩，看了十分不忍，慈悲之心油然而生，于是就把那天卖烧饼所得的钱，悉数捐给了老和尚。

市集上的人听说卖烧饼的小孩捐了钱，个个心生惭愧，自忖："卖烧饼的小孩子都知道发心做功德，我未免太悭吝了，难道我还比不上一个小孩子吗？"于是一传十、十传百，一下子就把建庙的钱筹齐了。老法师十分感激这个小孩，就对他说："小朋友，你今天发心做功德，便是我们佛寺的护法大德，将来你若有什么困难，可要记得到寺里来找我噢！"

小孩高兴地回去了，谁知道一回去，因为交不出卖烧饼的钱而被老板痛骂一顿，并且立刻把他解雇了。这小孩一时找不到别的工作，只好流浪街头，沦为乞丐，不但三餐不继、贫病交迫，头上生了癞痢，眼睛也瞎了，连讨饭都不容易，正当走投无路时，忽然灵光乍现，想起老和尚说过的话，顿觉绝处逢生，于是一步步摸索着往寺院去。老法师因证得神通，知道小乞丐将到寺院来求援，当晚即召集徒众，交代大家："明天本寺大护法要来，大家开山门恭敬迎接，不可怠慢！"

第二天全寺执事扫阶以待，可是直到傍晚都不见有什么大护法来。老和尚肃容诘问道："今天都没有什么人来吗？"知客师回答:"没有呀!只有一位瞎眼乞丐要进来,我怕坏了迎宾的大礼,给他几个饼把他打发走了。"

老和尚双目倏睁,一声大喝:"这人就是我们的大护法!快!快去把我们的大护法追回来!"知客师父闻声惊愕,立刻下山追寻。不久,便把小瞎子迎进寺里敬谨招待,并让他在寺里住下来。想不到,有一天夜里,小瞎子上厕所时,一不小心掉进茅坑淹死了。消息一传开,许多人替小瞎子抱不平道:"这世上哪有什么因果报应?这小孩本来卖烧饼营生,日子过得好好的,自从捐钱建寺,做了功德,就开始走噩运,好不容易在寺里安顿下来,却掉到茅坑淹死了。你们说说看,这世上哪有什么因果?"

话越传越盛,老和尚知道后,就召集大众,把这桩三世因果的始末点明:"这个小孩子依照过去生的业报,应该要受三世苦:第一世受穷苦报,现癞痢相;第二世瞎而不见;第三世该跌进厕所淹毙。可是因为他一念慈悲,发心做了大功德,所以三世的罪业提前缩短在一世受报,省去了二世的痛苦折磨,现在已经超生到天上了。因果俱由身显,昭彰现前,怎么可以说无报无应呢?"大家听了,无不感慨三世因果的不可思议。

《根本说一切有部毗奈耶》卷十四云:

假令经百劫,所作业不亡;

因缘会遇时,果报还自受。

就是说为善为恶的种子,不管历经多少年月,仍会埋在泥土里滋长,一旦因缘聚合时机成熟,有了阳光、空气、水分,它便立刻抽芽苗叶、开花结果,自受自报了。

有人对因果有错误的认识,在信仰的历程中有很多不正当的要求。比方说有些人到寺庙礼拜，供了几根香蕉、几只苹果、几块饼干……就呢呢喃喃跟神明讨价还价起来了："妈祖呀！神明呀！你要保佑我们全家平安如意，庇佑我丈夫升官发财，帮我的儿子讨一门好媳妇生孙子，助我的女儿顺利考上大学，还要使我家生意兴隆多多发财……神明呀神明，你一定要保佑噢！"

这些水果饼干，就该换来那么多的要求吗？这个代价有那么大吗？这种信仰根本就不是正信，是贪执！如果妈祖真的接受了那些水果饼干，就必须给他这许多回报，那么妈祖也不过是教人投机取巧，不值得我们膜拜了。

佛经上说："欲知前世因，今生受者是；欲知来世果，今生作者是。"意思是过去种什么因，现在就受什么果，现在造什么因，未来就结什么果。在佛教成立之前，各种哲学、思想、宗教对于因果早已有各种不同的说法，但是都没有佛教的三世因果说得圆满透彻。

佛教虽然说三世因果，但是却着重于现世的因果；过去的恶因恶果今生可以改变它，未来的善因善果也可以依靠今世的修持而获得，因此平时要行善积德，及早种下善因，为来年结成甘美的果实而准备。所谓：

人人知道有来年，家家尽种来年谷；

人人知道有来生，何不修取来生福？

苍天茫茫，因果历历，是不可以欺骗，是无法逃遁的。

四、从善恶无记来谈因果

唐朝的文学家白居易向鸟窠禅师请示佛法大要，鸟窠禅师对他说："诸恶莫作，众善奉行。"白居易听了之后，大失所望说："这么简单的两句话,就是佛法大意了吗?三岁小孩子都懂得!"鸟窠禅师回道:"三岁小儿都懂得,八十老翁行不得,佛法大意挂在口头上说说容易,躬身去实践却很难。"我们从善、恶、无记上来谈因果的关系,最重要的还是要体认"善恶如影随形,寸步不离"的道理,进而在日常生活上谨守勿失,奉行不渝。

古人说:"善者昌;善者不昌,善者祖上必有余殃,殃尽必昌。恶者恶;恶者不恶,恶者祖上必有余德,德尽必恶。"一般人大多明知多行善事会得善报,多行恶事会得恶报,可是往往因为无明惑障,被眼前情况蒙蔽,只见一时不见长久。看到善者穷困,恶者享福,就忿懑不平,以为天理隐晦,动摇了对因果的信心,甚至随俗浮沉,起作无明惑业;看到人家偷盗作恶而没有受到天理国法的制裁,就行险侥幸的也随之作恶,一次二次之后陷溺恶境难以自拔,到最后自食恶果悔之莫及,才知道善恶应是必有必至的。经上说:

恶业未成熟,恶者以为乐;

恶业成熟时,恶者方见恶。

善业未成熟,善人以为苦;

善业成熟时,善人始见善。

现在社会上偷窃、抢劫、杀人、抢银行的事层出不穷,这些作恶的人,都是不知道善恶因果,只凭一时的意气喜怒,不顾一切地蹈身法网。犯恶之后,心中凄凄惶惶,怕被警察侦知;不敢行走光天大路,怕被识破行藏逮捕归案;终日忧来烦去,心虚不安,把人生弄得凄惨暗淡。一旦陷身囹圄判了刑,大好人生也完了,这时才相信"善恶之报如影随形,三世因果循环不失",已经来不及了。如果把为恶的心思和精神都拿来做好事,相信凡事终有天青日白的时候,不计较眼前一时的辛苦挫折,终有一天善果成熟,还能自摘自尝。

三国时代的刘备,临死告诫儿子阿斗说:"莫以恶小而为之,莫以善小而不为。"《法句经》说得更深刻:"莫轻小恶以为无殃,水滴虽微,渐盈大器。莫轻小善以为无福,水滴虽微,渐盈大器。"

我们对于日常生活的言行举止,乃至起心动念,都要善加摄持,不可轻忽掉举,以为小小过失无伤大雅,可以侥幸逃过;如果用心体认善恶因果,就会发现报应屡试不爽,星星之火,往往是燎原的祸因。

有人看到别人享受人间的荣华富贵,而自己孤苦贫病,就羡慕别人命运亨通,而慨叹自己遭遇坎坷。其实世间的一切苦乐祸福、善恶行为,都是由心所造,和命运没有什么关系。心能造业,心也能转业,只要我们能时时摄心正念,不使偏失,不好的命运也会变成好的境遇;如果散心邪念,再好的福报也保持不住。所谓:"心好命又好,荣华富贵早;心好命不好,一生能温饱。命好心不好,前程恐难保;心命都不好,穷苦直到老。"

唐朝武则天时代,以严刑峻法统治百姓,绝不宽贷。当时有一个极得武后宠信的酷吏周兴,为官残暴,经常以各种残酷的刑罚手段治狱,上自朝廷百官,下及小民百姓,无不闻风丧胆,周兴横行一时,处处树敌。后来有人挟嫌密告武后,说周兴意图谋反,武后大怒,把这件案子交给亲信佞宠来俊臣侦办。来俊臣不动声色的备下柬帖,邀约周兴一起吃饭,饭席上虚怀请教:"周大人,如果有个顽刁犯人罪不可逭,可是他既不招供又不认罪,能用什么刑罚才能让他俯首认罪呢?"

周兴笑道:"太容易了!你只要命人准备一个大瓮子,四周起火烧炭,猛烘猛炙,再叫囚犯坐进里面,如此一来,任是怎样铁打的筋骨、石心的硬汉,没有不招供。"

来俊臣一听,立刻命人取来大瓮,一一照周兴传授的方法团炭起火,等到火大猛烈了,便推席而起,亮出武后的手诏说:"大内有诏,闻你意图谋反,命我鞫讯问罪,现在这个瓮子已经烧得滚烫了,就请你进去吧!"

周兴一听,霎时魂飞魄散,恍然大悟平日行事残酷,不择手段滥用刑罚,今日报应临头了,当下连连叩头,惶恐认罪。

世间善恶相报,皆是自作自受;祸福无门,唯人自招,我们实在不能不自我警惕!明朝刘伯温有一首诗说:

善似青松恶似花,看看眼前不如它;

有朝一日遭霜打,只见青松不见花。

平常,我们看到花开得很美丽,就为之目眩神迷,忽略了松树的翠绿坚挺;可是,等到忽然有一天寒霜降临,冰雪纷飞,花卉都凋落得无影无踪了,才看见青松昂然不畏风寒的英姿,也才知道一时的绚烂不足道,千古的法身慧命才是真正的不朽。

善与恶的因果就像青松与花,我们宁可做一棵经风历霜的青松,也不要贪图一时的风光而开出罪恶的花朵,留下终身的憾恨。

1983年11月14日讲于彰化县政府大礼堂

佛教对空有的看法

"空"与"有"就和拳与掌一样:本来是"空"的,
因缘聚合而成"有";本来是"有"的,因缘散灭便成了"空"。
或"有"或"空",都随着因缘而成而坏,不停地变化。

在佛教里,"空"和"有"是个不容易表达,也不容易深入的意境。一般人用二分法把"空"与"有"的关系一刀两断,认为"空"和"有"是截然不同的境界,"有"就不是"空","空"绝不可能"有";这是很肤浅的观念。

佛陀时代有一种外道,认为世间的一切常有不灭,和"空"完全无关,这就是执常的"常见外道";另外有一种外道认为宇宙万象一切皆归于幻灭,和"有"没有关连,这是执无常的"断见外道",相当于现代的虚无主义者。从佛教立场来看,执持常见固然错误,执取断见也不正确,这种"空"并不是真正的"空",而是"断灭空"、"顽空"。

佛教认为"空"与"有"是一体两面,像手心和手背一样,两者相需相求、相生相成;又譬如孪生兄弟——从"有"之中可以体悟到"空"的妙谛,从"空"里面又可以认识"有"的义蕴。

"真空妙有",是佛教对"空"与"有"关系的如实诠释,以下分为

四点来说明"空"与"有":

一、如何了解"空""有"的意义

佛法讲求明心见性,不在形体上求,不在名相上求,必须在本体自性中见人之所不能见,明人之所不能明,要能撒手悬崖,踏破虚空,才能得到大解脱、大自在,游于诸佛毕竟空的真理境界;要了解"空"与"有",也必须用这样的方法。

了解"空"与"有"是求得解脱之道,但是"空"与"有"的真谛不容易理解,没有透过精进修行,体认"空"的真正道理,所认识到的"空"是对立于"有"的假空,而不是真正的"空"。真正的"空"是超越有无对立的。事实上,我们世间所认识的"有"也不是真有,"空"更不是真空。譬如我们以为有自己、有他人,有山河大地、田园财产等,而这一切不过是幻相而已。又譬如你我之间好像没有什么东西横梗在中间,至少表相上是"空"的;其实在我们之间充满了肉眼所不能见的二氧化碳、微尘、水分子、电波以及肉眼所不能感觉的精神交流,如渴慕、企盼、瞩望、关切等,这些实相上是"有",只是被人眼的盲点蒙蔽而望不见,可是它依然存在。

要了解"空"与"有"的意义,就不能在表相上打转,要深入本心,大破大立。

以下分为三个层次来说明:

(一)"空"是什么?"有"是什么?

"空",是大乘佛教无限的意义。"诸法究竟无所有,是空义",诸法因缘生灭的道理,就是"空";观五蕴无我无我所,是"空";知一切诸法实相之毕竟空,是"空"。用最简单的话来说:"空"就是般若智慧,由此可以了悟宇宙人生各种存有的真相;"空"更是一种正见,能由现象界存有之中发觉本体空无的真谛。

《释摩诃衍论》中曾论虚空十义,它虽然不能将不住有、不住无的空义淋漓尽致地描绘出来,但在人类的语言中,可说已经说得很中肯了。所谓虚空十义,即:

1. "空"有无障碍的意思,如虚空,虽遍一切处,但绝不障碍任何一色法。

2. "空"有周遍的意思,如虚空,遍满一切,无所不至。

3. "空"有平等的意思,如虚空,无有拣择,于一切平等。

4. "空"有广大的意思,如虚空,广大、无限、无际。

5. "空"有无形相的意思,如虚空,无有形状相貌。

6. "空"有清净的意思,如虚空,恒常清净,无有垢染尘累。

7. "空"有不动的意思,如虚空,恒常寂止,离一切生灭成坏之相。

8. "空"有绝对否定的意思,把一切有限量的事理彻底否定、消灭。

9. "空"有空空的意思,彻底否定一切自性和摧毁一切空执。

10. "空"有不可得的意思,如虚空,不可取得,不可捕捉。

这虚空十义,虽未必能尽述"空"的真义,但对空性的主要性质,确已作了生动的描绘。

有人说:"空是佛教的X光。"这是很有道理的一句话,因为宇宙世间的任何一样东西,都要经过空的X光加以透视,然后才能体认它的本来真相。一般人所以不能如实地体认万有诸法,就是因为不能透过空性认识诸法,妄执为实有,有了实有的妄执,又如何能认识诸法的本性呢?

"空"是什么?我们可以说,空就是"0",0本身什么都没有,但若将0放在1的后面,则成为"10";若将0放在10的后面,则成为"100";放在100的后面,则变成"1000"……可以无限地增加至天文数字。由此可知,一个"0",你说它没有用,它却能生起大作用。"空"也是如此,空好似什么都没有,其实,它在宇宙世间,并且能包含万有。

"空"是什么?我们可以再说:空是数学中的"X"——未知数,它能代表很多的数字。

"空"是阿弥陀佛,阿弥陀佛就是空,因为空是人生之本,是宇宙之体,而阿弥陀佛是真理,真理是阿弥陀佛,所以说空是阿弥陀佛。平常佛教徒经常嘴边都挂着一句阿弥陀佛,看到小孩子跌倒了,"哎呀!阿弥陀佛!"表示同情、关心。有人送给你东西,"阿弥陀佛!"表示谢谢。一句阿弥陀佛可以代表一切言词,空亦如此,能包括一切。如袋子空了,能装东西;肚子空了,能装食物;心空了,能容真理。所谓"真空不碍妙有,妙有不碍真空",这就是空有不碍的无限妙用。

"有"是什么?是我们的眼、耳、鼻、舌、身、意可以识察到的一切现象。我们看到花开,花是红色的,有香味,有叶瓣枝梗,花是"有";看到一只小狗,它会汪汪地叫,会跑会咬人,用石头打它,它会痛,狗也是"有"。但这些"有",只是一种表面现象,是现象有、假名有,即《金刚经》说的"凡所有相,皆是虚妄";我们应该从这个角度来认识"有"。

(二)"空"在哪里?"有"在哪里?

"空"就像爱,"爱"在哪里?在眼睛?在肌肉?在大脑?在心脏?把这些器官一一解剖后,找得到"爱"吗?但是,没有人能否认有"爱"的存在,父母爱子女,丈夫爱妻子……每个人都有爱,爱过别人也被人爱;爱,虽然看不见、摸不着,可是爱却是无所不在、无所不包的。"空"就和"爱"一样,空未尝空,遍布人间,无处不在。

"空"又像电,电在哪里?在机器上?在电线中?在插头上?把这些零件一一拆卸分解,电在哪里?电无远弗届,"空"也横遍十方。

"空"又像风,风在哪里?在天上?在山顶?在林梢?在地面?把这些一一独立分隔起来,风在哪里?风无孔不入,"空"也竖穷三际。

"有"在哪里?这里有没有人?有!这里有没有屋子?有!这儿有没有花?有!可是,"有"的未尝有,因为"有"只是一个假相,我们表面上所执着、认定的"有",从空理上讲,从因缘上看,都只是一个虚妄的假相而已。

有一则故事可以省察世间假相:有一对新婚夫妻,恩恩爱爱地过着幸福的生活,有一天,小夫妻俩雅兴大发,准备品酒赏景,做丈夫的要太太到地窖里取酒,她打开酒缸俯身一看,大吃一惊:"酒缸里竟藏了一个女人,哼!丈夫口口声声说爱我,原来暗中藏了女人在此,可恶!"

于是酒也不要了,转身回房跟先生理论,责怪先生金屋藏娇。丈夫听了真是啼笑皆非,分辩说:"胡说八道!那有这种事,我自己去看!"

先生来到酒窖,谁知打开酒缸一看,忍不住怒从心上起,骂道:"明明是她藏了男人在这里,还反咬我一口,这下可被我发现了!"

夫妻俩各执一理,相互指责对方的错,谁也不肯让谁。闹到后来不分高下,决定请一位婆罗门教的师父来评理。师父听了之后,亲自下去看,一看之下勃然大怒,责骂夫妻俩:"你们这两个忘恩负义的东西,竟然另外拜别人为师,从今日起,与你们断绝师徒关系!"

说完,怒气冲冲拂袖而去,留下一对瞠目结舌的夫妻。正在迷惘不知所措时,正巧来了一位比丘,于是请这位比丘评理,比丘下去地窖掀开酒缸一看,不觉笑了起来,他叫夫妻俩下来,当着他们的面,伸手搅乱缸面的倒影,又拿一块石头对准酒缸一砸,"咣当"一声,千娇百媚的女人和俊逸潇洒的男人,一时都化为幻影。

我们所认识的世间万象,就像酒缸里的虚幻形相一样,有即是空,空即是有,如果执着不放,硬要以凡夫迷情起分别识,就很容易跟这对夫妻一样以假乱真,纠缠不清了。所以说,"空"和"有"是无在无不在的,它在五蕴皆空处,也在一尘不起时。

(三)"空"、"有"的关系

"空、有"之间的关系究竟是怎么样?我们拿双手做一个有趣的试验:当我们把手握起来时,这是拳头;如果我们把手张开,这是手掌;但是我一会儿握拳头、一会儿伸手,又是什么呢?它是手掌,也是拳头;它既不是手掌,也不是拳头。

"空"与"有"就和拳与掌一样:本来是"空"的,因缘聚合而成"有";本来是"有"的,因缘散灭便成了"空"。或"有"或"空",都随着因缘而成而坏,不停地变化,从这里去认识"空"与"有"的关系,会发现"空"与"有"是二而一、一而二。

又如耳环、戒指、手镯等金饰品,还没有开采提炼以前,我们称它为矿石。它由矿场运到工厂,摇身一变成了黄金;从工厂进入银楼后,又变成了多样的戒指、耳环、项链、手镯,尽管形状千变万化,黄金的本体依然不变。从这个例子来认识"空"与"有"的关系,可以知道"空"是金,"有"是器;"空"是一,"有"是多;"空"是本体,"有"是现象。

"空"与"有"又像大海里的波浪:海水本来是静的,一旦风吹海水,起了波澜,一波波掀腾翻涌不停,海的面貌就变了;风平浪静时的海,是水,惊涛骇浪时的海,也是水。波浪没有离开水,动没有离开静,也没有离开空;波水一体,动静一如,空有不二。

"空"如父,父严如日;"有"如母,母慈如露。父母结合而生育我们,空有调和而成就万法,因此说"空即是色,色即是空","空不异色,色不异空"。煦日放射光线,看起来好像空无一物,却传布了生长的能源,是理,是性,是精神;雨露滋养水分,有实实在在散播甘霖的功效,是事,是相,是物质。这两者都是万物生长的必要条件,是密不可分的。换句话说:在万有的上面,有一个"空"的理体;由于万缘和合,在"空"的理体中显现万有诸法。再从六祖惠能和神秀的示法诗偈来看"空"与"有"的关系:五祖弘忍为传佛法衣钵,命各个弟子呈偈作诗,以印证心性了悟的境界。

大弟子神秀作的诗偈是:

身是菩提树,心如明镜台;

时时勤拂拭,勿使惹尘埃。

而惠能作的证道偈则别有见地：

菩提本无树，明镜亦非台；

本来无一物，何处惹尘埃？

这两首诗偈，前者是用渐修的功夫去污除垢，是以身求道的境界，是"有"身相，是有为法；后者是用顿悟的功夫明心见性，是以心悟道的境界，是"空"心相，是无为法。神秀认为万法是实有的，万象是真实的，身当寂如菩提树，无一物色，心则净如明镜台，去垢生光；以加行的愿力去除心性的种种污染，这其间是有身、有树、有心、有台、有拂拭、有尘埃的，是"有"。惠能则认为万法皆空，身心、菩提、明镜都是假名，在"即心即佛"的绝对境界里，佛佛唯传法体，师师密付本心，毋须修持造作，本来无垢无染；所以悟道之后应是大休大歇、大破大立，这其间是无身、非树、无心、非台、无拂拭、无尘埃的，即是"空"。

无始以来诸法是"有"，但是万法的理体为"空"；"空"于"有"上显，"有"于"空"中灭。如同钻木取火一样，木材是实有实存的东西，而木材中原本没有火，将木材一段段剖开来，亦不见有火，可是等到钻木生出火以后，火就实实在在从木材的虚空处引发——木原无火而能生火，是"空"中生"有"，火源于木而见于木，是"有"中见"空"。可见一切事物是"空"是"有"，本体上是一样的，只是随顺因缘的集散而作不同的变化罢了。

认识了"空"与"有"的关系之后，如果把它应用到社会上，"空"就是要具有包容性，"有"就是要具有创造力。如果全国的人民，人人都能具备包容性和创造力，我们的社会一定更和谐，国家前途必然更光明。我们彼此原是一个平等自性——"空"的存在，由于不明白"空"与"有"不二的妙义,硬是把你我的关系分开,我的不是你的,你的不是我的,因此生起千般烦恼,万种无明。就好像社会的法律、道德、秩序,原是为了大家的安乐而设立的,一定要大家共同维护,才能有安和乐利的社会环境;如果硬要把社会国家和民众分开,使法律分歧、道德对立、秩序紊乱,让"空"与"有"不能在一起,则损失很大,也会引起许多纠纷。

有一座寺庙,殿中央供奉了一尊观世音菩萨,旁边另外供奉一尊妈祖神像。有一天庙祝认为台湾妈祖的信仰普遍,信徒众多,于是把妈祖的神像请到中央,把观音圣像移到一旁。有一天,来了一位出家人,看见属于弟子的妈祖坐在殿中,而身为师父的观音菩萨却屈居一隅,违背了伦常,就一语不发把两尊圣像调回原位;第二天庙祝一看,又把神像搬到中间,如此你搬我移、你移我搬地,把原本雕刻精美的圣像都碰坏了。后来观音圣像和妈祖神像终于忍不住说话了:"我们两人本来关系和谐,却因他们不懂空有不二的道理,弄得我们坐立不安,衣服也损坏了。"

有了"空"的包容性,就能无处而不自在,随遇而安了。

二、如何从"有"了解"空"

如何从千差万别的万象有,来认识寂然不变的自性空?简单地说,就是《心经》说的:"色即是空。"色是物质的意思,空表精神;色是现象,空是本体。"色即是空"是指物质就是精神,现象就是本体,也就是从纷纭变化的万事万物,可以寻觅出一个共同不变的理则。佛教的三法印所阐扬的,无非也是"空"的理则,譬如:

世间没有不变性的东西,世事变化多端,这是"诸行无常",也就是无常苦空；

世间没有独存性的东西，万物相生相成，这是"诸法无我"，也就是缘起性空；

世间没有实有性的东西，一切如梦幻泡影，这是"涅槃寂静"，也就是妙有真空。

如何从"有"来了解"空"？下面从七种假相来解说：

1. 从相续无常来看空：世间没有恒久不变的东西，一切现象只不过是相续的存在，无时无刻不在刹那生灭之中。譬如我们身体细胞的新陈代谢，不断地进行更新；我们的心念变异迅速，前念后念的续连，如同在瀑布之上打水球；世间的人事更替，所谓"长江后浪推前浪，世上新人换旧人"，说明了世间的事事物物是相续假有，无常而没有实体，从这种相续无常的现象上，可以了解"有即是空"的真谛。

2. 从因果循环来看空：譬如一粒种子种植下去，经过阳光、空气、水分、灌溉等外缘，开花结果，由种子的因结成了果实的果；再把果中的种子播种下去，又会生长出果实……如此循环不已，因可以成为果，果又可以成为因，果中有因，因中有果，这个循环不定的因果现象就是空。从社会的伦常来看，何尝不在这因果循环的理则下运转？譬如一人生子为父，子又生子亦为父……代代延承，不断循环。

3. 从因缘和合来看空：世间上没有独存的东西，《中论·观四谛品》云："未曾有一法，不从因缘生，是故一切法，无不是空者。"万事万物都必须众缘和合才能生存。如一场佛学讲座，也是靠众缘相合——有礼堂、有主讲者，还要有人来听法，才能成就讲演活动。

可是这个"有"只是一种"和合假",等讲演结束后,每一个人各自回到各人的家庭去,一切又回复空,所以本来没有的"空",因缘和合之后成为"有",而因缘散失之后,"有"又成为"空"。

4. 从相对相待来看空:人与人之间的相待关系也是一种"空"。像鸠摩罗什大师最初亲近的是小乘佛法,等到他学得大乘之法,反过来对过去的小乘师父传授大乘佛法,而留下了"大小乘互为师"的美谈;师生之间的这种相对相待,就是"空"理。再如,有人站在庭院,庭外的人对他喊:"不要在里面,到外面来!"屋里的人对他说:"不要站在外面,到里面来!"哪里是内?哪里是外?内外是相对的名词,"空"与"有"也是我们把它对立起来而已。一旦产生对立,就不能清楚地看出诸法的真相,唯有超越这个对立,调和"空"与"有",才能体悟万有一如的义蕴。

5. 从相状美丑来看空:世间的美丑好坏随个人的喜憎不同,没有一定的标准。譬如燕瘦环肥,喜欢身材纤瘦的说赵飞燕型的女子好看,古人甚至有"楚腰掌中轻"的偏好;喜欢丰腴圆满的说杨玉环型的女子比较有福相,见仁见智,标准不一,尺度不同。即使是世界小姐的选拔,那些评审人员的审美观点也不尽相同,大部分是依据个人心识所显现的,喜欢哪一型,就圈选符合己意的那一类型,所谓"情人眼中出西施",可知这种相状美丑也是空假。

6. 从名词不定来看空:从名词意义的不同可以认识到"空"。比如妈妈生了一个女婴,慢慢长大变成小女孩,再长大就叫小姐,婚后又成为太太、妈妈,再来就变成老婆婆了。这个人到底叫做女婴呢?还是叫老婆婆?可知这个名词假相,也只是依因缘聚合的不同面貌而产生的,我们从这些名词指涉的转移上,也可以认识到"空"。

7. 从认识差异来看空：世间上空的真理本来只有一个，由于各人的体会不同，产生种种苦乐差异。

有一个富家公子，在大雪纷飞的早上，推开窗子外望，一看白雪皑皑，心里非常高兴，就吟了一句诗："大雪纷纷满天飘"，当时楼下躲着一个叫化子，正在挨冻受冷，饥寒交迫，听那公子哥儿一念，就接了一句："老天又降杀人刀"；楼上的富家公子，不了解穷人的困苦，依旧得意洋洋地继续吟着："再下三尺方为景"，认为雪再下厚一点，风景就更好了；老乞丐一听，更觉得凄惨，含悲作结："我辈怎得到明朝？"

这富家公子和老乞丐因为生活不同、心情不同，所体验的感受也就不同，可见心情是随境而迁化的，从这种认识差异的转移之中，我们也可以认识到"空"的真谛。

从以上种种，可以知道尽管万法有千差万别的形相，但是空的理体是相同的，而这个空的境界是本来无一物，无去无来无障碍，不在中间及内外，唯有拨开了万有的烟雾，体证"空"的光明智慧，才能如实地认识世间，与真理相契。

三、如何从"空"建设"有"

如何从"空"来建设"有"？也就是《心经》上说的"空即是色"。《中论·观四谛品》云：

> 以有空义故，一切法得成；
> 若无空义故，一切法不成。

佛教所说的"空"，并非指万物毁坏了、幻灭了才说"空"，而是就万法的"现在有"而说明"无自性空"；若一切法不空，便是各有定性。法既已有定性,便不能容诸因缘,既不能容诸因缘,一切法便不得成。也就是说万法如何才能"有"?要空了才能有,不空则没有,"空"不是破坏"有","空"是成就"有"、建设"有"。

有些人常怀疑:"佛教不是讲四大皆空吗?"不错,佛教是说四大皆空,可是"四大皆空"并不是完全没有了的意思,所谓"四大皆空",是说明宇宙万有是由地、水、火、风四大元素构成的,而地、水、火、风这四样空虚无形的元素却是世上一切有形事物生长的源头。譬如花,必须要有土地来种植,此是地大;要有水分来滋养,此是水大;有了土地和水还不够,还要有阳光照射,这是火大;要有和风吹拂,这是风大。本来没有花,靠了这四项因缘聚合,便有了花。无数的因缘相聚而产生了万有,"空"不是建设"有"了吗?

而人也是由"四大"所构成的:骨骼、毛发如地;汗泪、小便等分泌物如水;体温、热度属火;一呼一吸则是风。因为有这地、水、火、风四大的和合,人才得以生存,四大一旦不调和就不能生存,因此说"四大皆空"。由人身生命的构成,不也说明了"空"建设"有"吗?

《杂阿含经》云:"此形不自造,亦非他所作,因缘会而生,缘散即磨灭。如世诸种子,因大地而生,因地水火风,阴界入亦然。"因此,"四大皆空"是存在的意思,不是虚无、虚空。"空"建设了"有","空"建设了人生,"空"建设了宇宙万有,生出宇宙万物的种种存在,而这个从因缘上、空无上所显现的"有",也才是真正的"有","空"实在是太不可思议了。《心经》说"无眼耳鼻舌身意",并不是说要盲了聋了,才没有眼耳鼻舌身意,六根健全一样是"无眼耳鼻舌身意"。因为我们的眼睛常常欺骗自己,眼睛只能从分别意识上来看,只看得到事物的表相、表面,而看不到诸法的真相、空相。譬如水中的筷子看起来是弯曲的,实际上筷子并无弯曲,而是光影在眼球中造成的折射幻相;又如人坐在火车上看外面的景色,以为是火车在倒退;两眼看笔直漫长的路,越远处显得越狭窄;有时候在强烈的阳光之下曝晒,觉得眼冒金星……这一切都是由分别意识所产生的错觉。

常听到有人在争辩说:"我亲眼看到的!""我亲耳听到的!"我们的六根就像六贼一样,常常会欺骗了我们,如果我们凡事都从这种虚幻不实的现象来认识的话,便很容易差之毫厘而谬以千里了,所以才说"无眼耳鼻舌身意"。如果我们了解"眼耳鼻舌身意"也都是四大所组合的"相状假",那么《心经》上所说的"无",便是无上般若了。

随着各人知识的不同,了别意识的不同、业感的不同,对于万象万物的认知也就千差万别了。譬如污秽的粪便,人们一看避之唯恐不及,但是狗却把它当作珍肴美味,趋之若鹜。从知识、了别都无法把握到真正的空义,因为"空"不是知识的臆度,"空"更不是了别臆测,"空"要透过精进勇猛的修行才能体证。

一般人听到"空"就恐惧害怕,以为这个也没有,那个也没有,这是因为不能了解真空的妙用,真空中含蕴无限,真空中生长万有。我们平时所认识的"空"并不是真正的"空",毕竟真空的境界不但要空去一切有为对待,空去一切差别观念,甚至连这个"空"也要空去,要空到最后"山穷水尽疑无路,柳暗花明又一村",证悟到了"空空",把所有的差别、对待、虚妄的万法都空除了,"以无所得故",才能享受到一个大解脱、大自在,空有不二的真实世界。

以同样的道理来看,科学家能"空",才能够把物理上极细微深奥的结构推衍出来,才能分子、原子、电子、中子等一直不停地分析下去。哲学家能"空",才不会以先天的主观来建立绝对的"第一因",坚持自己的论点而自是非他。

佛教的空观哲学,必须先摒弃物我表相的种种对立,从大本大源处建立内在圆融高妙的胜义。是化否定为肯定,从出世到入世,变消极为积极,去玄义而重实践的。唯有这样,才能转身踏破虚空,返顾宇宙万有,而从否定中建设"有",从肯定中了悟"空"。

四、如何过"空有不二"的生活

从"有"上体认了"空"义,并且从"空"上建设了"有"之后,接着最重要的是如何调和空有,过着空有不二的圆融生活。

如何过空有不二的生活?简单地说,就是随缘而放下,自在而不执着。譬如钱财被人借去营业却倒闭了,有了空的涵养,"看得破,有得过",把它当作是前生欠钱,今世还债,或者进一步视为行布施供养,给得起别人,表示自己是个有办法的人,如此转念一想,便能心平气和,快乐过日子。这种空虽然不是佛法的空,但是已经有如此的成效,如果能体证真正毕竟空的境界,其中的自在逍遥更是无法言喻。

对"空"有了体会的人,生病了也不觉得害怕,反而觉得很好。经常小病不断的人往往比较长寿,而从不生病的健康人一旦病倒了,反而不容易医治。佛经上说:"修行要带三分病。"身体患了疾病,平时才知道保健预防,有了病痛更能感受生命的可贵,激发道心努力学佛,因此病痛有时也是学道的逆增上缘。记得三四十年前我罹患了关节炎,躺在床上一个月,不能动弹,医生诊断结果必须锯去双腿,当时听了医生的宣布,我不但没有丝毫的忧惧,心中反而很坦然:"锯掉了双腿也很好,从此以后就不必东奔西跑四处弘法,可以安心在寺中看书写作,以文字般若来传扬佛法了。"有了空,连生病都有了法味。

懂得过空有不二生活的人,遭遇逆境也不以为忤,一切的苦难困厄是长养信念、增长悲悯心的助缘。无论是宦途失意的人,或是情场失意的青年男女,生活中有了"空"的法宝,便能转横逆为平顺,化坎坷为平夷,"退一步想,海阔天空;忍一口气,风平浪静"。

空有不二的生活是超越虚妄对立,泯除人我生死,非空非有、亦空亦有的绝对世界。禅宗四祖道信禅师到牛首山拜访法融禅师,法融禅师道风高远,隐居于人烟罕至的牛首山,平日只有几只猛虎为伴;四祖一看到几只龇牙咧嘴的老虎,双手一张,露出惊惧不已的样子。法融禅师犀利地看破四祖说:"你还有这个在呀!"

意思是说:出家人早已放下一切,生死一如,怎么对五蕴假合的色身还如此在意?说完便呵退猛虎,转身进入禅室倒茶待客。四祖一看法融禅师进去,便写了一个"佛"字,放在法融禅师的禅座上;法融正要坐下去,一看是个偌大的"佛"字,吃了一惊,赶快站了起来,四祖抓住机锋说:

"你还有这个在呀!"

空有不二的世界,是"绝生佛之假名、超生死之对立、泯自他之差异"的真理世界。过去有人向智藏禅师请教佛法,不管问什么问题,禅师总是回答"有";而这个人以同样的问题请教径山禅师的时候,径山禅师却一律回答"无"。同样的问题为什么有如此互相矛盾的答案?原来径山禅师所表达的是悟者体空的境界,在绝对空无的世界是不容许说是非、讲人我、论有无,不容许议论任何一物的"空""无"世界;而智藏禅师则站在众生的立场,有是非、人我、有无的相对世界。

《金刚经》上说:"一切圣贤皆以无为法而有差别。"虚空,本无差异,但是鹰隼在空中展翅一飞数里之遥,而麻雀只有隔枝之距;真空的世界也没有圣愚的分别,但是依众生的根器,证悟的境界却有浅近深远的不同。这种空有不二的境界不是哲学上的辩论、理论上的分析,必须透过生活中的伟大实践,及心灵上的不断提升才能证得,甚至连这"证得"的念头也要空除,是楚俊禅师所谓"两头共截断,一剑倚天寒",非空非有、亦空亦有,高峰顶上行的绝对世界。

证悟了"空有不二"的生活是什么样的生活呢?是一种以退为进的生活,以无为有的生活,以空为乐的生活,以众为我的生活。证悟"空有不二"的生活是一种洒脱自在、放旷逍遥的生活。我们从一休和尚晒藏经的故事,可以得到一些启示——

有一天,天气晴和,比叡山上寺院的大众,忙着将藏经拿出来曝晒,只有一休禅师袒胸露肚,悠闲地躺在草坪上晒太阳。管理藏经楼的藏主看不过去,上前大喝一声:"一休!大伙儿在忙,你却在偷懒呀!"

"没有啊!我正在晒藏经呀!你们晒的藏经是死的,会生虫,不会活动;我晒的是活的,是会说法、会劳作、会吃饭的藏经。"

对一休禅师来说,三藏十二部不是汗牛充栋的典籍经帙,而是涵蕴于自性中的无上般若智慧,没有了我的存在,也没有了经典的存在,我即物,物即我。在觉悟者的眼中,一切经典不外是为我的清净佛性所作的诠释,任何的文字般若,无非是为显发实相般若的方便,"空有不二"的世界,就如同《维摩经》中菩萨身上不着华,照见诸法虚妄的无执世界;"空有不二"的世界好比《金刚经》中"无我相、无人相、无众生相、无寿者相",舍离一切假相的无着世界;"空有不二"的世界是有而不有、空亦不空,究竟快乐的世界。

1983年11月16日讲于彰化县政府大礼堂

佛教奇理谭

宇宙内外是一个"理",人情反复是一个"理",
世间万事万物都离不开一个"理";而所谓"奇理",
就是和我们平常所了解的常识、道理所不一样的理论。

"理"字,涵盖三千大千世界,遍满六道芸芸众生,宇宙内外是一个"理",人情反复是一个"理",世间万事万物都离不开一个"理";而所谓"奇理",就是和我们平常所了解的常识、道理所不一样的理论。

佛教里面有哪些奇理呢?以下略举出六种奇理。

一、一多不二的奇理

在一般人的观念里,"一"只有一个,"多"有很多个;在佛教看来,一就是多,多就是一,一多不二。

我们常常说宇宙之间森罗万象,叫作"万法",万法归于何处呢?万法归一;万法既归于一,那么,"一"又归于何处呢?一归万法。"一"是体,"万法"是用,"一"与"万法"是本体与现象的互存互证;所以,一就是多,"一"与"多"不是两个分别的观念,而是同源同流的回环,一个宇宙有三千世界十亿国土,十亿国土三千世界也只是一个宇宙——这是一多不二。

一朵花与一个虚空孰多孰少?孰大孰小?一粒花种子由种在土壤里到萌芽成长,需要雨水的灌溉、肥料的培育、阳光的照耀,还要有风来传播花粉,有空气来沃养成长……所以,一朵花是集合了全宇宙万有的力量才得以绽放的,一朵花即是一个虚空,"因缘有二法,实性则无二"——这也是一多不二。

一般人执着于自身受用,常常只顾自己安好,不管他人祸福,只知道护自身,不知护他人;其实,佛法不离与人结缘,每一个人都与无限多的人缔结关系,每一个人都是人生世相这个无边无涯大网上的一个网点,由一条条网丝串连住无限的人群,一通往无限,无限聚于一。再进一步从世法上来说,我们每天的生活里,要吃饭、穿衣,要坐车、住房子,要希求多闻、资养色身……这一切一切,不是从天上掉下来的,而是由农民种稻、工人织布、司机开车、建筑师盖房子、专家学者讲授、科技信息传播……而来,所谓"一日之所需,百工斯为备",一个人必须仰赖那么多人事的聚集辐辏才得以生存,这个"一"岂不是包含了无限?

了解这种"一即一切,一切即一"的奇理之后,我们再回头来看看佛门禅林里的故事人物,就会觉得"宇宙即是我心,我心即是宇宙"了。

(一)从福报上看"一即无尽"

唐朝的裴休宰相,是一个很虔诚的佛教徒,他的儿子年纪轻轻就中了翰林,但是裴休不希望儿子这么早飞黄腾达,于是将他送到寺院里参学修福,并且要他先从水头师做起。这个少年得意的翰林学士天天在寺院里挑水砍柴,弄得又累又辛苦,心里不停地嘀咕,一下子怨父亲把他送到荒山野谷做牛做马,一下子又告诫自己父命难违而强自隐忍。他心不甘情不愿地做了一段时间之后,终于忍耐不住,满怀怨气地唠叨:"翰林担水汗淋腰,和尚吃了怎能消?"意思是我堂堂一个翰林学士,每天辛辛苦苦替你们这些和尚挑水,挑得大汗淋漓,腰身都湿了,你们有什么福报消受得起?

寺里的住持听到了,也念了两句诗回答:"老僧一炷香,能消万劫粮。"意思是说你担水给和尚吃,未必有什么了不起的大功德;老僧只要在殿里修行,坐上一炷香的时刻,即使是千方的供养、万劫的道粮,我都消受得起,你那区区几担水又算得了什么?

为什么说一炷香就能消受万劫粮呢?《金刚经》说:"若复有人,于此经中受持,乃至四句偈等,为他人说,其福胜彼。"这是因为万千的供养都只是小果有为的福报,而义解修行,是法宝,是大果无为的功德。所以,担再多的水,也只是有为的小供养,其福报是有限量的;而一炷香的修行是无为的大法施,其功德是无可限量的。

(二) 从道德上看"一即无穷"

许多人一生汲汲营求,总是希冀金银财宝再多一点,达官厚禄再高一点;可是,有形有限的物质,有吃光用空的时候,高官富贾做得再得意再发达,也有去职退隐的时候,倒不如一句佛法来得受用无穷。受持一句"慈悲",在言语进退、处事待人上都不忘记"慈悲"的胸怀,你这一生的法缘就越来越多,越来越有福报了。

佛法与义理

　　从唐代百丈怀海禅师制定"百丈清规"起,经过历朝历代的演进,先后增删为宋朝的"崇宁清规"、"咸淳清规"和元代的"至大清规"、"敕修百丈清规",其间百余条目虽有增减,但是基本上"悲智双修"的精神则始终如一,中国佛教就从这些清规里,锤炼出一代又一代的高僧大德,成就了中国佛学解深用宏的无穷奥义、无边妙境,可以说是"一部清规,无穷胜谛"了。

(三) 从信仰上看"一即无限"

　　信仰,是心力的交集;专一的信仰能积集宏大的感应,涣散的信仰徒然头头落空,处处不着实。有一则笑话:某地有两个信徒,一个只信奉大慈大悲观世音菩萨,早晚虔诚礼诵,精进修行,并且随身佩挂观世音菩萨的圣像。另一个是多神教徒,什么神明都信奉,不但家里众神毕集,而且连他身上也琳琅满目地挂了一堆天公、圣母、城隍爷、妈祖……等各方神明的香灰护身符,还有各种不同的基督教十字架。

　　有一天,这两个人一起出城,半路遇见强盗拦路抢劫,不幸他们身上带的钱太少,不合强盗的意,强盗一怒,大刀一砍,两人各挨了一刀,奇怪的是,一个人手臂被砍断了一只,另一个却有惊无险、安然无恙。

　　原来这个信仰观世音菩萨的人虽然被砍了一刀,不过正好砍到胸前的菩萨像,人只是受了点皮肉之伤,侥幸逃过了凶劫,这个人余悸犹存,立刻合掌谢祷:"幸亏菩萨的法身替我挡住了灾难,南无大慈大悲救苦救难观世音菩萨!"

　　而那位信仰多神者,却被一刀砍断了手臂,他怒气冲冲地诘责众神说:"为什么当我大祸临头时,你们这么多神明都不来保护我?"

那些神明立刻争相解释:"当你命在旦夕时,我们确实都赶来救你了。可是,一下子有这么多神明在此,为了表示尊重,大家先推选城隍爷出来救你,可是城隍爷一看有玉皇大帝在,不敢僭先,就说:'不敢当!不敢当!还是请玉皇大帝去救吧!'玉皇大帝也谦虚地礼让给妈祖,妈祖又不好意思居功,建议由耶稣出面……谁知道,就在大家让来推去时,咔嚓一声,你已被砍断手臂了!"

所以,从信仰上来讲,一心信奉,可以产生无限的力量,多神信仰反而被多力瓜分,不易诚信圆满。永嘉玄觉禅师的"证道歌",有奥意深邃的阐释:"一性圆通一切性,一法遍含一切法;一月普现一切水,一切水月一月摄。"意思是:学佛求法的过程中,一师一道的正信奉行,终能克期取证,成就无上妙谛;如果三心两意,不但身心不得安住,不能契理契机,也难以深见诸法如实究竟的道理,不能觉照自性清净的本心了。

二、远近不二的奇理

"远近不二"不是表相上的文字意思,指的是泯却分别对立的真实境——在现实的世界里,千里为远,一寸为近,人情生疏为远,融洽亲切为近;但是在佛教的世界里,"心生种种法生,心灭种种法灭",远近高低,全由心识了别取舍。好比我们在夜晚走过河边,看到河里映照的明月随波浮沉,水中的月离我们很近,可是捞得起来吗?这个近,只是一时的假相而已。而一场讲经法会,透过电视频道的转播,将现场法会的影像传真出去,立即可以让全球的信徒听闻得到。所以说是远近不二。

又如阳光照耀时,高楼和小树的影子何者先落到地面？天上的飞机破空而过,和身边的汽车飞驰,哪一种声音先入耳？当你思念起在美国的儿子和在台南的女儿时,谁想起来比较快？

陶渊明"结庐在人境,而无车马喧；问君何能尔,心远地自偏"是怎么说的？黄龙新禅师的"安禅何须山水地,灭却心头火自凉"又如何诠释？

佛教相信心识的力量可以穿透时空,造成无缚无执的感应,用现代的科学知识来解释,这种心识的力量就是脑波,可远可近。

五代的僧智禅师才深德大,有一天,忽然急急召唤全寺僧众说："大家立刻准备香火做法会,全体持诵观音圣号,来解救江南某寺即将面临崩塌的噩运。"全体僧众遵命行事,一场法会声如雷鸣地圆满完成。后来从南方传来消息说："江南的扬都讲堂,有一天几百个僧侣聚集在里面,忽闻外面异香浓郁,空中又传来阵阵诵念观世音菩萨法号的声音,事出突然,吸引了全堂的人跑出去观看,忽然之间,说时迟,那时快,扬都讲堂轰然一声崩坍倾倒下来,现场无一人受伤,真是奇迹。"这就是心识无远弗届的例子。

佛教徒最向往的,是弥陀极乐净土,可是净土世界远在西天,要如何才能到达呢？佛经上说："心净佛土净"、"一念生极乐",心就在我们这个躯壳的方寸之间,只要把方寸净化了,自然便是佛国净土；所谓"十世古今始终不离于当念,无边刹土自他不隔于毫端",远其实不远,端看一念破迷；近也不是近,只是假相眩人耳目。这不就是"远近不二"吗？

三、大小不二的奇理

一座须弥山和一粒小芥子相比,到底孰大孰小?唐朝的江州刺史李渤,有一天问智常禅师:"佛经讲'须弥藏芥子,芥子纳须弥'未免失之玄奇,小小的芥子,怎么可能容纳那么大的一座须弥山呢?这不是在欺骗人吗?"

智常禅师反问:"人家说你'读书破万卷',如今万卷书何在?"

李渤指着脑袋说:"都在这里了。"

智常禅师道:"奇怪了,我看你的头颅只有一粒椰子那么大,怎么可能装得下万卷书?莫非你也是骗人的?"

李渤听了,当下大悟:原来事物本无大小之分,所大所小都生于人心。佛法讲自性大而无外,小而无内,不受时间和空间支配,此即是"理事无碍"的道理。好比宽敞的礼堂里,远看觉得讲台很小,可是拿只茶杯放在桌上,讲台又变大了。

《阿含经》有一则记载一粒米饭的力量相当于一座须弥山的故事:有一对贫穷的夫妇住在炭窑洞里,四壁萧条,两人共穿一条衫裤,丈夫穿出去了,妻子只好守在家里,妻子出外,丈夫衣不蔽体,只好待在洞里。有一天,风闻佛陀率领弟子们到附近托钵乞化,夫妻两人商量着说:"我们过去不知道布施种福田,才会落到今天这样穷困的地步,现在好不容易盼到佛陀来此教化,怎么可以坐失大好布施的机会呢?"

说着说着,妻子深深叹息道:"这个家一无所有,我们拿什么去布施呢?"

丈夫想了想,毅然说:"如今唯一尚称完整的东西,只有这条衫裤了,我们就拿它供养佛陀吧!"

于是夫妻俩欢喜地把唯一的衫裤布施出去,顿时,佛陀的弟子们颇感为难,大家把这条裤子传来推去,一个个掩鼻而避,不知道如何处理才好。最后,还是阿难尊者拎着这条又脏又臭的裤子,来到佛陀面前请示:"佛陀,这条裤子实在不能穿,还是丢掉吧!"

佛陀垂训:"弟子们不可以这样想,穷人的布施是十分难能可贵的,就拿来给我穿吧!"

阿难心生惭愧,捧着裤子和目犍连一起到河边清洗,谁知道裤子才一浸水,整条河立刻变得波涛汹涌,暴涨暴落,目犍连一急,就运用神通把须弥山搬来镇压,还是无法平息波涛,两人只好匆匆赶回去禀告佛陀,佛陀轻拈起一粒米饭对他们说:"河水翻涌,是因为龙王赞叹贫人能够极尽布施的愿心,你们把这粒米饭拿去,就可以镇住了。"

阿难和目犍连半信半疑地将这粒米饭丢进河里,竟然一下子就风平浪静了。两人深觉不可思议,难道一座须弥山的力量反而比不上一粒米吗?回去后立刻请教佛陀,佛陀开示道:"无二之性,即是实性。一粒稻米从最初的播种起,经过灌溉、施肥、收割、制造、贩卖……积累了种种的力量与辛苦才能成就一粒米,它所蕴含的功德是无量的,正如同那件裤子是贫苦夫妇唯一的财物、全部的家当,它所包藏的布施心量也是无限的!四海龙王懂得一粒米的功德与裤子的功德,都由虔诚一念引出,所以赶紧退让称善。由此可见:只要虔诚一念,则小小一粒米,一条衫裤的力量,都可以与千万座须弥山相等。"

后来有人把这件事写成一首偈,来警示冥顽众生:"佛观一粒米,大如须弥山;若人不了道,披毛戴角还。"

佛经里还有另外一则故事:有一个四处乞讨为生的贫女,看到富贵人家到寺院打斋、布施做功德,觉得很羡慕,也想种福田,于是辛苦攒钱,好不容易省下一块钱,就毅然拿出来布施。寺院的住持法师知道这件事以后,向弟子们宣布:"今天的供斋我要亲自主持,为这位虔敬的女居士祈福。"

一块钱的功德,竟然带给这个贫穷的女孩意想不到的奇遇。原来自从这个国家的皇后去世之后,国王闷闷不乐,大臣们为了使国王宽心解闷,就安排了一场狩猎游乐;当国王一行通过森林时,忽然看到前方有一团闪闪发光的光圈,国王觉得奇怪,策马向前一看,竟是一位衣服褴褛,却美若天仙的女子。国王立刻把她带回王宫,不久即成亲结婚了。

这个女孩子做了皇后以后,心想:当初我只供养一块钱,竟种下了这么大的福田;我应该再去寺里好好向菩萨谢恩,供养更盛大的斋,布施更多的银钱。

于是,她盛装华服、珠围玉绕地准备了几十车的银钱供品,金鞭银鞍,前呼后拥地往寺院出发,她想当初我只不过布施了一块钱,住持大和尚就亲自为我祈福;今天我布施了这么多的供品,他一定更重视我了!

于是得意洋洋地进入寺里,趾高气扬地指示仆从布置上供,想不到只有几位知客师父代表住持接待、祝愿,并没有什么特别隆重的表示。年轻的皇后悻悻然面带愠色地走了。住持后来请人带信给她说:"当初,一块钱是你全部的财产,你以万分的真心来供奉,越显出你布施的虔敬。现在,几十车的供品只是你财产的九牛一毛,而你又存着贡高我慢的自大心来供养,身心染垢,何来庄严功德?"

所以,学佛的人,不要在有形有相的数量上计较,只要心诚意正,用这个"欢喜的一念"如法布施,其功德是很大的。《金刚经》说:要行无相布施,不要执着于有相布施;布施功德的大小,并不是从形式上衡量的,而是看你布施愿心的大小决定。

无论是须弥芥子的大小比较,或布施功德的大小较量,在佛教里,小大大小,是全然不从形相、表相上去拘执,而是从理事圆融、内外一如的法身慧命去体证的,所谓"总一切语言于一句,摄大千世界于一尘",便是说明这种大小不二的奇理。

四、是非不二的奇理

学识不够没有关系,但是一定要是非分明;是就是是,非就是非,不可以混淆不清,这是做人的一个基本原则。

不过,从佛教来看,这个世间上的是是非非,是颠倒相、虚妄性,有时候我们越想把它弄清楚,越不能明白。在佛法上,"色不异空,空不异色;色即是空,空即是色",是非往往一致,是就是非,非即是是,是与非是不二的。

《金刚经》说:"佛说一切法,即非一切法,是名一切法。"我对这句经文的诠释是:佛法有时候离却一切人我名相,如羚羊挂角无迹可寻,不是佛法;而有时候它明明离经叛道、有染有漏,却反而使人于镜花水月中清净现前,于万丈淤泥红尘中生出无数妙法莲华,结果不是佛法的反而成就了佛法。

我们称念"阿弥陀佛",守心息瞋,是佛法;小孩子太顽皮,训他几句,打他一下,也是佛法。朝山礼佛,早晚参拜,是佛法;可是如果在拜佛的时候三毒炽盛,心里贪求名闻利养,那就脱离佛法了。

所以,一个人是不是信佛,是不是如法,不能光从表面看,而要从本心、自性出发点去寻究。佛门里的奇事奇理很多,不能光从一般世智辩聪的角度揣测,世智辩聪是不究竟的假相;奇事奇理还须从奇人解,才能洞悉七十二天八万四千光明法门。

中国禅宗史上有一桩很著名的公案,足以阐释这种是非不二的道理。五祖弘忍大师命门下弟子作悟道偈,凭以传授心法和衣钵,当时大弟子神秀作如是偈:

身是菩提树,心如明镜台;

时时勤拂拭,勿使惹尘埃。

后来成为六祖的惠能,却另题一首意境更超远的诗偈:

菩提本无树,明镜亦非台;

本来无一物,何处惹尘埃?

菩提树有枝有叶,何以不是树?明镜台有桌有脚,何以不是台?看来好像一派不通,似是而非。这是因为众生习惯用一般的逻辑来认知世相,对于万事万物都要给它一个分别对立,是一就不是二,是对就不是错,两者之间壁垒分明,渐渐形成不可统一的矛盾;而禅师们已经证悟了不增不减、中道实相的境界,能够从物我俱忘的层次来返照世界,所以能于差别中认识平等性,从动乱中体现其宁静,此时天下一切是是非非,完全在其廓然寂静的心胸中泯除对立,而回复到纯然一如的本性境界。此所以身现菩提境界,无有树名相;心住明镜三昧,迥非桌台物了。

禅宗里另有一则公案说:"牧州马吃草,益州马腹胀。"用现代的话来解释,就好比在台北的一匹马吃了草,在高雄的另外一匹马肚子发胀了。从现实的角度来看,这句诗是完全行不通的,我吃饱了,并不等于你也吃饱了;我不想活了,并不等于你也活得不耐烦了。可是在禅师心中,物我一如,内外如一,既然外在的山河大地,都是心内的山河大地,大千世界也是心内的大千,众生更是我心内的众生,那么,牧州马吃草的时候,益州马腹胀,也是很合理、自然的事情了。我们学禅初初着眼的一点,就是要了知一切法界,是真有也是真空,是平等也是无差别。以此返观虚空的本性,了无一物可见而万物毕现,了无一物可知而物物相知,在当下一念中破除执取,卓然自立。譬如有个人向曹山禅师求救说:"我通身是病,请师父帮我医治。"

曹山手一挥,抬眼望天:"不医!"

那人一愣,疑惑地问:"为什么不医?"

曹山道:"要叫你求生不能,求死不得。"

一般人会想:岂有此理! 不救人倒也罢了,还要人家求生不能,求死不得。这未免太狠心了! 佛法不但是即是,非即非,还要在"是即是非,非即是是"中求,更要在"求生不能,求死不得"处求大觉悟、大解脱。

还有一个"是非不二"的奇理,是有关黄檗希运禅师和临济义玄禅师两师徒打架的公案,《景德传灯录》第十二卷上载,临济义玄禅师在黄檗禅师座下参学了三年,不曾一问,还是受了上座师父的鼓励,才走进黄檗的方丈室参禅问道:"请问师父,什么是祖师西来意?"

黄檗禅师深深看了他一眼,一言不发地拿起禅杖兜头便打,义玄禅师大惊逃出，不敢逗留；如是三问三遭打，打得临济禅师疑情丛生，却百思不得其解，越想越难过，以为自己资质愚鲁，业障太重，决定辞别黄檗禅师下山参访游学。黄檗禅师也不阻止，只教他往大愚禅师处去参学。临济义玄禅师心事重重地来到江西请谒大愚禅师，见了面，大愚禅师问明他的来处和师承之后，问他："你师父黄檗禅师，近来有什么法语教你？"

临济禅师把问法的经过和盘托出，大愚禅师听了，不觉哈哈大笑："黄檗啊！黄檗，你未免太'老婆心切'了，你为弟子彻底解除了困厄，他却还懵懵懂懂地四处求问过错！"

临济禅师此时忽有所悟，刹那间拨云见日，对大愚说："我今天才知道黄檗的佛法原来不在多言！"

大愚禅师一听，知道他开悟了，便抓住他的衣领喝斥说："你这小子！刚才还说不懂不懂，现在却满口说懂了懂了，你到底懂得了什么？快说！"

临济禅师更不多言，只伸手向大愚禅师左肋打了三拳；大愚禅师也不还手，只是笑吟吟地将义玄禅师一掌推开说："还不回去谢你的师父？多亏他的苦心教导。"

临济义玄禅师回到黄檗禅师那里，重新参见过后，黄檗禅师问："你来来去去，何以如此匆促？"

临济禅师合十谢道："是跟师父学的老婆心切。"

黄檗禅师一听，便知道是大愚禅师多嘴泄露玄机，被临济禅师识破了行藏，当下说道："这个多事的大愚禅师，我下次再见到他，真该好好打他一顿！"

临济禅师立刻接过话头："说什么等以后见面，不如现在就打的好!"说完,劈头一掌向黄檗禅师打去,黄檗禅师不但不怒,反而喜逐颜开地哈哈大笑。

这则公案初看起来,实在大逆不道,天下哪有师父不慈爱弟子而横加捶打的?又岂有弟子不尊敬师父而出手冒犯的道理?但是,懂得禅学的人才能深深体会,这里面实在有很深的慈爱啊!原来,师父打弟子,是要破他的文字障,叫他用真心去实践参究,离去"我执",摆脱"法执",于无相中见实相,不向表显名句上生解;弟子打师父,那意思更深刻了,是表示已经证悟了从心性上用功的道理,为感谢师父善巧方便的开示,和切切怛怛的"老婆心切",特为师父演申一番"本地风光"。从黄檗和临济禅师的公案可以了解:"是佛法的不是佛法,不是佛法的是佛法。"

在佛法的奥妙里,是非的冲突已泯,表相的争执已祛,一切万物都还复了它的圆满自性,互相通融无碍,"执事原非迷,契理亦非悟",诸法或从身上解,或从心上解,或由境中悟,或由性中悟,在无我无执无系的真谛里,孰是孰非的问题,早已不是问题了。

五、净秽不二的奇理

从"净秽不二"来看佛教的奇理,就是净的不是净,秽的不是秽,干净的未必不脏,脏的有时反而洁净;在真实的佛道里面,没有绝对净、秽,与一般世智俗见大不同。我们一般人根深蒂固的观念是干净的不可能脏,脏秽的不可能干净,干净和脏秽是两个绝不容相混的理论。

拿人来说,我们把自己的粪尿视为浊臭肮脏的秽物,可是狗、蛆虫却把它当作珍馐美食,孰净孰秽?哪有绝对的分别?再拿我们的手掌来看,表面上我们的皮肤和指甲都是干干净净的,可是如果用显微镜放大分析,不但它上面布满尘垢,而且细菌横行,像臭虫和跳蚤一样蔓延全身。

有的人外表衣冠楚楚,言谈举止都显得彬彬有礼,一派高贵气象,满嘴仁义道德,可是一肚子杀盗淫妄;有许多老百姓虽然衣着褴褛,甚至体臭身秽,但是他们却有一颗光明善良的心,这种"内净外秽"的情形,哪里是"净"、"秽"能轻易评断的?

菠萝在果田里尚未成熟的时候,是酸涩难吃的,可是,一等到果皮转黄,果肉也充满水分的时候,再吃起来就觉得好甜好香,这个甜是怎么来的呢?乃是当初的酸涩经过了风的吹拂、太阳的烘焙,吸收了雨露的滋润、大地的蕴育而成就。若没有酸涩怎么会有沁甜?没有烦恼怎么会有菩提?没有污秽的烘托又何来洁净?

从"净秽不二"的观点更深入一层来看,只要祛除有无、分别、对立的心识,用平常、平等的眼光来看,这世间原是圣凡一体、空有一如的,只要不滞凡情、不起圣解,便人人可得大自在,像雪窦禅师所说的:

> 闻见觉知非一一,山河不在镜中观;
> 霜天月落夜将半,谁共澄潭照影寒?

过去梁山寺有一位亡名禅师,不知是什么出身,行踪诡异,他看到当时许多信徒大啖酒肉,十分慨叹,便命大寮师父做了许多大饼,召集全寺僧徒同游尸林。他把大家带到城外的野冢,找到一具腐烂的尸体,便踞地而坐,抓了一把腐臭的尸肉夹在大饼里,配着酒大嚼起来,又示意大家跟着他一起吃。那些平常喝酒吃肉的人看了,有的掩面而逃,有的呕吐不已,这个禅师当即警示大家说:"你们若不能净住心地,便与此无异!"

禅师们的行化不避净秽,就是一种远离受想行识的垂迹。

印度的阿育王信佛虔诚,遇到比丘总要顶礼,因此引起一些外道大臣的微词,经常劝谏他说:"大王,您是一国之主宰,身份尊贵无比,为什么看到比丘就顶礼,难道大王的头那么低贱吗?"

阿育王听了之后,叫人杀了一头猪,把猪头拿到市场卖了50两银子,过了几天,阿育王又命人拿了一个死囚的人头到市场上叫卖,还嘱咐那个差人要在市场上如此叫卖:"阿育王的头,卖 10 两银子!"

结果市场上的人都吓得纷纷走避,无人问津。阿育王借此教育大臣们:"一个低贱的猪头可以卖 50 两银子,我的头只卖 10 两银子都没有人要,你们说我的头尊贵无比,到底尊贵在哪里呢?"

世法里的净、秽,经常像这样没有标准,是不真实、不持久的。民国以来,真正能将净、秽的对立破得最彻底的,要算是金山活佛妙善和尚了。妙善和尚用在破躯壳的我执功夫十分深至,比如他吃饭时,喜欢把铁锅上生锈的铁皮混在饭里吃,还要添加他的鼻涕口水拌一拌,才吞下肚里去;不管何时何地,只要看见瓜子壳、花生壳、果皮、字纸、草纸等东西,立刻伸出五爪金龙,一手抓到口里送进肚皮,咕噜咕噜地吃得干干净净。这种方式,一般人根本不敢领教,可是妙善和尚却习以为常,奇怪的是也没有吃出什么疾病来。

"道成于肉身,肉身亦能成道",能了知生活里的污浊秽败,才能证悟生命上的清凉明净。在佛法里,净垢不二的境界,犹如一个澄清无云的万里晴空,如果执着于"垢",好比乌云蔽空;如果痴守着"净",又像平地起白雾,遮住了皓皓白日。所以,我们不但要涤除净垢相,也要摒弃净垢见,才能入于佛法的奇理三昧。

六、空有不二的奇理

假使我们能以实相般若来观照世间万法,应该能知道"空不是真空,有不是真有"的至理;空有之间,既非对立,亦非分别,而是纯然如一、理事无碍的。

有人问西堂智藏禅师:"有天堂和地狱吗?"

智藏答说:"有。"

那人又问:"有没有佛、法、僧三宝呢?"

回答:"有。"

那人不停地问了许多不同的问题,智藏禅师全部都回答:"有。"后来,那人忿忿地责问:"你怎么老是说'有'呢? 为什么我以同样的问题问径山和尚,径山和尚却全是'无'呢?"

智藏禅师问他:"你有没有妻子?"

那人答道:"有。"

智藏又问:"径山和尚有没有妻子呢?"

那人说:"没有啊。"

智藏笑答:"这样的话,我说'有',径山和尚说'无',不是对极了吗?"那人听了立刻大悟,拜谢而去。

"有",是世法,是生活的妙用;"无",是出世法,是生命本体;佛法,就是空有相融的中道之行,是真空妙有的圆融中道。

过去在河南省有一个叫李大福的中年人,不务正业,游手好闲，每天都要上茶楼喝早茶。有一天，他从茶楼窗口向下望的时候，看到地上有一串钱，不觉贪心大起，急忙奔下楼去捡拾，谁知道近前一看，原来是一条死蛇蜷缩在地上，哪里有钱的影子？李大福大失所望地回到楼上，越想越不甘心，往下一看，又是一串亮闪闪的铜钱耀眼生花，这次他飞快跑下楼，深怕铜钱又被人拾去走了样，偏偏下楼一看，还是死蛇一条！他垂头丧气地回到楼上，再往下看，又是一堆钱，他第三次奔下来，咦！又是蛇，惹得茶楼里的人都笑他痴心病狂。他十分不服气，把死蛇带回家钉在墙上，一面看一面骂："你这东西，一早害得我上上下下好辛苦，我看你现在怎么变！"

话才说完，一眨眼间墙上的死蛇又变成了一串铜钱，李大福急忙冲过去想一把抓住，不小心踢到桌脚，栽了一个大筋斗，把脚给跌断了，又白白赔上一大笔医药费。

所以，对世间万物贪得无厌，终会变成赤贫；对生死命限贪爱执着，毕竟难逃空苦。这是因为我们总认为空就是空，有就是有。一般人总想避空趋有，以为有比没有好，结果常常弄得一颗心像奴才般，在顽空妄有里疲于奔命，这真是太可悲可悯了。《景德传灯录》说："诸佛与一切众生，唯是一心，更无别法。此心自无始以来，不曾生，不曾灭，不青不黄，无形无相，不曾有无，非大非小，超过一切限量名言踪迹对立。当体便是，动念即差。"

如果我们能以般若智慧观照出"真空妙有"的实相，不起分别风，不刮对立雨，则空有之间自然冥合圆融，如同日照山河、山河浴日，自然便能"空有不二"了。

1983 年 11 月 20 日讲于嘉义

佛教的真谛

真谛就是真理,也就是根本大法的意思。
佛教的真谛指的是三法印、十二缘起、性空、四圣谛等。

什么是真谛?真谛就是真理,也就是根本大法的意思。佛教的真谛指的是三法印、十二因缘、性空、四圣谛等。

佛陀成道,最初在波罗奈斯城外的鹿野苑讲说佛法,讲法的内容就是"四圣谛",这是佛教史上有名的初转法轮。

在佛教里,称听闻四圣谛、十二因缘而开悟证果的人为声闻乘。一般人的印象中,声闻乘是自度自了的小乘人,因此有些人以为小乘根器所修持的四圣谛是小乘法,不屑一顾,这是不正确的观念。其实四圣谛是佛陀所证悟,并且揭示于世人的真理,是真正的根本佛法。根据佛陀的教示,人生宇宙的实相,不外是苦、集、灭、道四种道理;一切三藏十二部,也莫不由此开展出来,如华严等大乘经论,虽然敷扬大乘思想,但是仍特别设有"四谛品",所以四圣谛实在是大小二乘共学、应学的基本法门。

四圣谛的谛,就是真理,包含有审察、真实不虚的意思。四圣谛是苦谛、集谛、灭谛、道谛。苦谛是以智慧观察出三界是个充满痛苦、缺乏快乐的火宅；集谛是以智慧彻悟到贪瞋痴等烦恼是造成生死痛苦的原因；灭谛是透过智慧，证得清净的涅槃自性；道谛是寻找出离苦得乐的出世法门。苦、集二谛是迷界的世间因果，苦是集的结果，集是苦的原因。灭、道二谛是悟界的出世间因果，灭是道的结果，以正道灭除了痛苦；道是灭的原因，以修八正道的方法，解脱了烦恼。

以下依次说明四圣谛。

一、苦谛

人生要追求快乐，人人应该乐观进取，不要老是把"苦"挂在嘴边，终日愁眉苦脸，过着消沉颓废的灰色生活。也许有人会反问：人生既然要追求快乐，佛教为什么还要谈苦呢？

佛教之所以讲苦，其目的是为了让我们了解，这个世间充满了各式各样的苦，知道了苦的实相，进一步去寻找灭苦的方法。因此了解苦的存在，只是一个过程，而如何灭除痛苦，获得解脱，才是佛教讲苦的最终目的。

也许有人会说："我既不贪爱名利，也不眷恋爱情，我的人生充满了快乐，怎么佛教说人生是痛苦的呢？"根据佛教经典的说法，苦有三苦、八苦、一百八苦，乃至无量无数的苦，归纳之，不外身苦和心苦。生命终了时如风刀割身般的风刀苦。有的人虽然对物质非常淡泊，能忍受冷热、贫饿的痛苦；有的人对感情能够超然，忍受得了爱别离、怨憎会的痛苦。但是每一个人都无法脱离生命结束时的五取蕴苦，因此人一生中，没有不尝受痛苦的；不管我们谈不谈苦,每一个人都会有痛苦的经验,只是痛苦的对象不同罢了。假如我们能够彻底了解苦形成的原因,找到对治的方法,就可以远离痛苦的渊薮,享受真正快乐的人生。

形成痛苦的原因,究竟有哪些呢?

(一)苦的原因

1. 我与物的关系不调和。苦的来源,第一个因素是我与物之间的关系不调和。譬如我们住的房子太窄小,人口又多,拥挤不堪,不能称心如意,自然感到痛苦。又如晚上睡觉时,所用的枕头高度不合适,一夜无法安眠,精神不济,难免心烦气躁,痛苦不安。书桌的高低、灯光的照明不恰当,无法安心研读,对一个喜欢读书的人来说,也是一件痛苦的事。举凡日常生活中使用到的物品,如果不能适合我们的心意,充分地取得协调,就会产生痛苦。除了身外之物的东西会带来种种的不便与痛苦之外,我们身上的毛发、指甲等东西,如果不加以适当的修剪、洗濯,所产生的污垢,也会带给我们困扰,因此古人常拿毛发来比喻烦恼:"白发三千丈,缘愁似个长。"又说头发是"三千烦恼丝",没有生命的物,和我们的生活,也有着密不可分的关系。

2. 我与人的关系不调和。人我关系的不调和,是苦恼的最大因素。譬如自己喜爱的人,偏偏无法厮守在一起,而自己讨厌的人,却又冤家路窄,躲避不了;这就是佛教所谓的"爱别离苦"和"怨憎会苦"。

有时由于个人的见解不同,办事方法千差万别,彼此引起冲突摩擦,产生痛苦。有时自己小心翼翼地做事,深怕得罪了人,但是看到一群人,背着自己窃窃私语,心中就感到惶惶不安,以为一定是在批评自己。由于人我关系的不能协调,虽然在一起共事,却事事不称心,处处不如意,影响了工作效率。人我关系的不协调,足以挫折一个人的雄心大志,而陷于萎缩颓丧的痛苦之中。因此人我关系的调和,是我们立身处世非常重要的功课。

3. 我与身的关系不调和。有人说:"健康是第一财富。"假如没有健康的身体,纵然拥有天下的财宝、旷世的才华,也无法发挥其功用。而身体的老病死,是自然的现象,任何人也逃避不了,再健壮的人,也有衰弱的一天;再美丽的容貌,也有苍老的时候。年轻的时候,虽然可以逞强称雄,但是随着岁月的消逝,年龄的增长,我们的器官也跟着退化,眼睛老花了,机能衰退了,动作迟钝,不复当年的生龙活虎、叱咤风云。一个小小的感冒,就足以使我们缠绵病榻数日;一颗小小的蛀牙,就够我们整夜辗转反侧,不能成眠。由于我与身体的关系不能调和,种种的苦恼也接踵而至。

4. 我与心的关系不调和。心具有主宰意,如一国之君操纵着一切。古人说:"人心唯危,道心唯微。"我们的心如野马脱缰,到处奔窜,不接受我们意志的自由安排。譬如当我们的心中生起贪瞋痴等烦恼时,虽然努力加以排遣,却才下心头,又上眉头,那么的力不从心。又譬如心中充满种种的欲望,虽然极力加以克制,却又事与愿违,不能随心所欲。这种由于我与心的不调和而产生的痛苦,实际上并不亚于身体不调和所带给我们的苦痛。身体的病苦,依靠高明的医药,就有痊愈的可能性,而心理的毛病,有时连华佗也束手无策。

我们常听到有人埋怨别人说:"你又不听我的话了。"其实最不听话的,不是别人,而是我们自己的心,我们无法不叫自己的心不起妄念,不生烦恼。自己的心实在是世界上最难征服的敌人,我们和心如果处于敌对的关系,每日干戈不断,痛苦交迫是必然的。

5. 我与欲的关系不调和。人不可能没有丝毫的欲望,欲望有善欲和恶欲之别。好的欲望有希望成圣希贤、成佛作祖,或者希望开创一番事业,服务乡梓社会,造福人群国家,所谓立功、立德、立言等三不朽,佛教称这些向上求进的欲望为善法欲。另外如贪图物质的享受、觊觎官运的显赫、眷恋爱情的甜蜜等,佛教称这些可能使我们堕落的欲望为恶法欲。善法欲如果调御不当,会形成精神上的重大负担,产生很多的痛苦,更何况恶法欲!如果无法善加驾驭,和我们的心保持良好的关系,其所带来的痛苦,更是不堪负担。培养超然于物欲的见识,是我们创业的基本要素。

6. 我与见的关系不调和。见,指的是思想、见解。物质上的匮乏、欠缺,还能够忍受,最令人难以忍受的是思想上的寂寞、精神上的孤独,古来多少真理的追求者,都是孤独地行于真理的道路上。因此陈子昂乃有"独怆然而泪下"之悲叹,释尊方有入涅槃之念;而令我们感到痛苦的思想是似是而非的邪知邪见。

佛陀在世的时候,有一些邪见外道主张修持种种的苦行:或者倒立于林间,或者在火边烧烤,或者在水里浸泡,有的人绝食不饮,有的人裸形不穿,极尽可能地使身体受苦,企图借着苦行以获得解脱。由于这些外道的思想不纯正、见解欠适当,徒然使身体受到折磨,增加许多无谓的痛苦。邪知邪见是陷我们于痛苦之中,障碍我们追求真理的最大绊脚石。

7. 我与自然的关系不调和。从人类文化史来看,人类最初的活动，就是和自然的一连串战争记录。自古以来，自然界带给我们的痛苦，真是不胜枚举。如人们为了防强风吹袭，在门窗装上硬厚的防风板，风患解决了，却遮蔽了光线，看书时产生视线不足的苦感。有时门窗虽已关得很紧密，但是刺骨的冷风，仍然如利箭一般嗖嗖地从细缝中钻进来，令人难过。这些难过烦躁，还是有限的痛苦，强烈的台风带给人类的灾害，财产的损失，人命的伤亡，远胜于此。除此，地震、水灾、火灾等，也会带给我们严重的灾害，譬如水量过多，泛滥成灾，平地变成汪洋，无处安身；反之水量太少，干旱成灾，大地龟裂，无法耕作，都足以危害生存。凡此自然界种种的不调和，所带给我们的苦恼，是显著且直接的。

苦，不管是来自于物、自然等外在因素，或者是心、见等内在因素，归究其根本来源，皆缘于我执、我见。老子说："吾之大患，为吾有身。"根据佛教的说法，一切痛苦的来源，在于有五蕴和合的假我。所谓五蕴和合，是说我们的生命，由物质的色和精神的识，加上心识活动所产生的作用——受、想、行三者积聚而成。这五者只是条件的组合，暂时的存在，如果因缘不具足，一切则归于幻灭。不过一般人的观念，以为由五蕴和合的色身是永远不灭的，将它执着为真实的自己，产生种种的贪爱，而流转于痛苦的长夜。假如我们能够洞察我的虚妄性，证悟本来无所得的性空妙理，自然能超越一切的痛苦。因此《般若心经》上说："照见五蕴皆空，度一切苦厄。"

怎么样才能五蕴皆空，度一切苦厄呢？体会"无我"就能体会五蕴与空相应的道理，五蕴空了之后，痛苦自然灭除，有个浅近的例子可以说明此理：

欧美各国盛行踢足球的运动,每次比赛,皆有数万人观览,蔚为风气。有一位先生,一边抽烟,一边观看球赛。由于全神贯注,忘了手上的香烟,不小心烟屑燃烧到旁边一位先生的衣服。抽烟的人,赶紧道歉,被烧的人仍聚精会神地看着激烈的比赛说:"不要紧,回去再买一件。"这是什么心理呢?这是"无我"的境地,"我"已经全神投注在"球"的上面,此时此刻,看球比挂心衣服更要紧,因此衣服被烧破,也不计较了。彼此说完话,又继续看比赛,抽烟的人马上被精彩、紧张的比赛所吸引,不知不觉中,烟灰又烧到前面一位小姐的头发上,"哎哟!好痛!"抽烟的人一听,糟糕,自己又闯祸了,忙不迭地道歉,小姐不假思索地脱口说:"没关系,回去再买一个就是了。"说完又全神贯注地看起球来了。

为了看球,头发烧了都不介意,如果不是看球看得着迷,不要说衣服、头发被烧了,只要烟灰不小心掉在身上,一定会和对方理论到底,甚至闹到派出所。但是当观看球赛入迷时,全部的精神都集中于球赛,"我"遭受到什么伤害,已经无关紧要了。像这样,一场球赛,就能够牵引我们的注意力,达到浑然忘我,而不知道灼伤的痛苦。如果能够照见五蕴皆空的话,必定能远离一切的痛苦。

苦的存在,是不可否认的真理,因此佛教一再强调这个事实,并且进一步找出解决的办法。现在一切的学术、经济、医药、政治,不断地改进,精益求精,无非是为了改善我们的生活,将人类的痛苦减少到最低程度。但是一般社会上的济苦助贫,解衣推食,只能方便地解救一时的困苦,不能彻底拔除痛苦的根本,佛教不但要除去眼前的灾厄,更重要的是要解脱生死的本源。《金刚经》说:"我皆令入无余涅槃而灭度之。"就是彻底地解决人生问题,不但要断除今世的烦恼,更要超脱无尽期的生死轮回,证悟到无余涅槃的境界,把一切的痛苦根源彻底地连根拔除。因此佛教说苦,不是消极的知苦,沉溺于痛苦之中,而是积极地去苦,超越痛苦桎梏的束缚。

(二)远离痛苦的方法

1. 充实自我的力量。有人说:"不信仰佛教,脱离不了生老病死的痛苦;但是信仰佛教,也一样受到生老病死的折磨。信仰佛教,有什么意义呢?"信仰佛教虽然也有生老病死的现象,不过有了信仰,面对痛苦时,有更大的力量去克服,面对死亡时,能更洒脱地去接受。

佛教里的大阿罗汉,为了求证自性,不少人在山林水边,甚至在冢间修行;孔门的圣贤,远离尘嚣,接受清苦淡泊的物质煎熬,别人不堪其受苦,但他们却如鱼得水,一点也不以为苦。为什么修行者面对着一堆白骨,能毫不厌惧,依然勤奋精进呢?为什么圣贤们衣食菲薄,穷居陋巷,仍能怡然自得呢?因为他们树立高远的人生目标,对自己的理想,有一股强大的信仰力量,所以面对一般人无法忍受的痛苦时,能够坚忍地去克服,丝毫也不觉得痛苦。我们翻阅历史,古来有一些慷慨激昂、从容就义的英雄豪杰,为维护正义而奋斗牺牲,为实践理想而奔走忙碌,这是为什么呢?因为他们坚持自己的信仰,即使杀身成仁、肝脑涂地,也不以为苦。

对宗教信仰有真正的认识,会增加自己的力量,即使遭遇到什么苦难,也会逆来顺受、甘之如饴。譬如一般人,神佛不分,见到佛像或神像,总是祈祷说:"佛祖啊!神明啊!请您保佑我生儿生女;保佑我富贵荣华;保佑我家庭平安;保佑我一切如意……"这种信仰,是借着神佛的力量来助长贪心,一旦所求不能获得满意,就落入失望的深渊,甚至怨天尤人,诽谤宗教。这种建立于贪求之上的信仰,当然毫无力量可言了。

我从出家以来,每天膜拜佛菩萨时,也有所求,不过我的祈求是这样的:"慈悲的佛陀,请把众生的一切苦难都让我来承担,使您的弟子考验自己对众生的悲愿有多深,对您的信心有多强,让您的弟子了解自己担负责任的力量,究竟有多少?"正信的佛教徒,不应该向佛菩萨作无理的要求,应该效法佛菩萨,将自己奉献给众生。如果每个人在信仰上都有这种施舍而不贪求的认识,自然能增加无比的力量,人情任他冷暖,世事任他炎凉,即使灾难苦痛交相煎迫,也能泰然处之,不以为苦了。

佛教说人生是痛苦的,我个人却认为人生很快乐。为什么呢?因为苦虽然存在于现实中,但是我们如果能以坚强的力量加以克服,更能体会快乐的意义。辛勤耕耘之后的果实,特别香甜甘美,而建立正确的信仰,培养坚定的信力,是我们超脱痛苦的要件。

2. 灭除痛苦的根源。培养坚定的信仰力,固然可以超脱痛苦的束缚,但是灭除生死的根本痛苦,才是修道最主要的目标,而不仅仅是在意志、调心、思想上以为不苦,就足以自慰了。因为生活上的枝叶烦恼,虽然克制了,但是生老病死,如果不能完全解脱,根本的五取蕴苦还是存在的。俗话说:擒贼先擒王。我们应该灭除痛苦的根本,才能得到永恒的快乐。

痛苦的根源来自于我执、我爱、我见,由于有"我",因此要索求好物,以满足我的需要,而有我贪;不顺我心,生起瞋恚,乃有我瞋;坚持己见,不明事理,故生我痴。因为有"我",贪瞋痴等烦恼,如影随形般地困扰着我们。如何才能灭除根本痛苦呢？修持"诸法无我"的法门,则能灭除根本的痛苦。但是,"无我"不是要大家毁灭自己的生命,佛教不是否定人生价值,否定生命存在意义的宗教。

所谓"无我",是去除我执、我爱、我欲,而不是消灭一切、抛弃一切的意思。即使自杀殒命了,死的只是虚假的肉体,"我"仍然是死不了的。事实上佛教的"无我",是般若义、是因缘义、是大悲义、是真空义,乃是由否定世俗的我执我见,来肯定第一义谛的真理,因为灭除了贪瞋自私的小我,才能显现出常乐我净的真我。证悟真我的圣者,并非远离人间,是依然喝茶、吃饭、做人、处事,过着常人的生活,在生活里、精神上,没有污染,获得清净;抛弃虚妄,证悟真实;远离无常,体验永恒。

我们所执着的我,如蜉蝣寄世,只有数十年的岁月,是虚幻暂时,瞬息即变的,真实的我是超越时空、对立,与法性相应、虚空相等,真实的我是绝诸烦恼,清净无染的法身真如。如何把小我扩大,体证永恒的生命,是离苦得乐的要道,也是我们不容懈怠的急务。

二、集谛

集是形成痛苦的原因。我们由于无明、渴爱的驱使,造下种种的恶业,然后依业报而招感种种的苦果。集的内容是"业",即"业"的集合,所谓"业",是指我们身、口、意所造的一切行为,我们做了某一种行为,一定会接受此行为所造成的后果,因此"业"不但不会消失,还会积聚在一起。业不一定都是坏的,也有好的业,所谓善业、恶业,我们想尝苦果或乐果,就看我们到底造下什么业而决定。

"因果业报"的思想，是普遍于印度一般哲学思想界的特殊教义，也是佛教思想史上伟大的教示。业的真正意思是"自己的行为自己负责"。

　　人类思想史上，让哲学家、宗教家百思不得其解的难题，就是"本体论"的问题，对于宇宙人生的起源，乃有元素说、偶然律、尊佑说等种种学说产生。譬如西方的基督，将世界的形成归诸于上帝的创造；印度的婆罗门教，则主张一切由梵天演变而来，企图找出第一因，建立神力主宰一切的他力说。而佛教强调人类命运的真正主宰者、决定者是自己，不是别人，甚至上帝、梵天，也无法脱离因果业报。佛教所说的业报，是自力创造，不是神力决定。人生的幸福或痛苦，前途的光明或黑暗，不是神赐给我们，是决定于我们自身努力了多少。好的果报，是我们自己做了善事，种下善缘而获得的；坏的果报，也是我们自己做了坏事，种了恶缘而招致的。别人无法赐福或降祸给我们。行善、为恶，完全是自己的造作，别人无法操纵我们，由此可见佛教是非常尊重自由意识，讲求自业自受，是自力的宗教。

　　胡适有一句话说："要怎么收获，先要那么栽。"业就像种子一样，我们希望有怎么样的收成，就必须播种怎么样的种子；我们造下什么样的业，就会受到什么样的果报。业是果报，是机会均等，业报是不论身份、性别、尊卑、贫富，是人人平等，必然受报的。业报，纵然是夫妻、父子、师弟、朋友，谁也无法代替，一切皆由自己去承受。业报将我们行为的后果，清清楚楚地记载下来，其精确度，甚至现代的计算机也望尘莫及。假如人人都有因果业报的观念，道德意识一定会提高，社会的犯罪行为自然减少，建立一个乐利祥和的社会,乃指日可待;业报说,对于净化当今社会污浊的人心,提高伦理道德方面,实扮演着非常重要的角色。

佛经说:"法不孤起。"任何事物的生起必有其因果律,我们的生活也处处离不开因果,譬如肚子饿了要吃饭,吃饭的结果,肚子饱了,就不再饥饿;疲倦了,需要休息,经过一番养精蓄锐,终于恢复精神,活力充沛。我们日常生活的点点滴滴,乃至知、情、意的心灵活动等,哪一样能脱离因果关系?因此,想追求幸福的人生,就必须播种善因、好种,才能尝到甜美的佳果。

曾有人这样问:"现在的农产品,可以用接枝的科学方法,把芒果和香蕉交配成新品种,这种情形,因果上又如何解释呢?"俗话说:"种豆得豆,种瓜得瓜。"种的是芒果和香蕉的混合种,长出来的,当然是既不像芒果也不像香蕉的新品种。这个新品种,是合二者的因,所产生的新果,仍然没有违背因果定律。

"试管婴儿"也曾引起全世界的震撼。试管婴儿虽然不在母亲体内受胎,但仍需要父精母血,再加上科学的培养,才能成长,这一切仍然是因缘和合,不离因果关系。假如试管不放入可以成长为人的精子与卵子,再进步的科学,也无法制造出人。如果试管本身能生出婴儿来,叫试管自己生,不就了事吗?但是事实并不如此,试管中没有因,绝对产生不了果。

世界上没有任何东西,能够脱离因果律,种下了恶业,必然要受到恶报。恶业的集聚,虽然带给我们苦难的人生,但是恶业是可以了尽,而给我们无限的光明和希望。好比一个人到处借贷、负债累累,但是只要有一天把债务还清了,就能无债一身轻;一个穷凶极恶、罪恶滔天的人,只要有一天应受的业报受尽了,必能还回自由无罪之身。一个恶业盈贯的人,犹如触犯法网的人,经过法律的制裁,在牢狱里受完刑罚之后,就可以重获自由,再见光明。

佛法说:"诸行无常。"罪业也是无常变化,空无自性,只要我们不继续制造恶业,并且广植善业,有一天一定能够离苦得乐,免除痛苦的折磨,所谓:"随缘消旧业,更莫造新殃。"业报说并不是消极的宿命论,而且充满了积极进取的意味。我们如果想从痛苦的深渊解脱出来,首先要灭除集苦的原因,不再造作新的苦业,快乐的人生就不远了。因此彻底了解造成痛苦的原因,是我们追求幸福不可忽视的要务。

三、灭谛

为什么要信仰佛教,信仰佛教的目的是什么?信仰佛教,就是为了追求"灭"。提到"灭",会令人联想到消灭、灭除、空无,而感到惧怕。其实"灭",并不是一般人望文生义的消灭、灭除的意思。灭的真意是去除虚妄分别的烦恼,而显出真实一如的自性;灭不仅消极地带有破坏性,并且积极地具有创造性、建设性。

所谓灭是指灭尽了贪、瞋、痴烦恼的理想境界。渴爱的欲火熄灭了,寂静清凉的涅槃境界才能显现出来。大乘佛教的般若空观,和灭相同,也是要空去我们的无明贪爱,以显发般若智慧。讲到空,有人会认为:"佛教说空,天地也空无了,人我也泯灭了,空把人陷入虚无缥缈的世界之中,空把人炸得粉身碎骨,荡然无存,空实在太可怕了!"

其实佛教的空,并不是虚无主义者的断灭空,空之中蕴含无限的有,不空则没有,空了才能有。平时我们观念中的有是妄有、假有，佛教的空，才是真有、妙有。

为什么明明是空的却变成不空，灭的变成不灭呢？举简单的例子来说明，平常我们要把一件事办得好，必须考虑五个因素——人、事、时、地、物，其中的地就是空间的意思，空间的重要性，可见一斑。事实上空间和我们的生活，如唇齿相依般，关系非常密切，譬如有空间，才能举办讲演；衣袋有空间，才可装纳东西；钱包是空的，所以能够储放金钱。甚至大家的鼻子是空的、耳朵是空的、口腔是空的、肠胃是空的，乃至全身的毛细孔是空的，才能吸收空气，摄取养分，进行新陈代谢的作用，以维持生命。假如把这些空间都堵塞起来，人类片刻也无法生存下去，因此空才能存在，空才能生有。

儒家的荀子主张心性的修养功夫，要做到三个步骤：虚、一、静。平时我们说做人要虚心，才能有进步，所谓虚心，就是心要保持适当的空间，不刚愎自用、不恃才傲物，心有了空间，自然容易吸收新知，接纳别人的意见，进步是不言而喻的。

《华严经》云："若人欲识佛境界，当尽己意如虚空。"我们每个人都知道虚空，但是谁能够把虚空的样子和形状，明确地说出来呢？虚空的形状究竟是长的？是方的？还是圆的呢？虚空遍一切处，无所不在，虚空投射在一个茶杯里，这个虚空就是圆的；虚空呈现在长方形的盒子中，虚空就是长方形，因为虚空无相，因此无所不相。虚空是超越有无对立，无所不有的究竟常道。我们如果能把心扩大得如虚空一样无穷无限，我们就能了解佛的境界是什么了。

所谓成佛，就是证悟了般若真空的实相及涅槃寂灭的真理，寂灭主要是指生死的灭绝，轮回的断除。人由于有生死轮回，因此辗转于痛苦的长夜；唯有将生死轮回灭绝了，才能不生不死，获得究竟常乐。而我们之所以有痛苦，是因为我们有欲望；想免除痛苦的折磨，根本的办法，就是要灭绝世俗的欲望。

有些人对于佛教要人灭除欲望，觉得很害怕，害怕世俗的欲望灭除了，就不能结婚生子、升官发财、享受人间的欢乐，实际上，佛教是追求幸福的宗教，并不排斥正当的追求，一样可以男婚女嫁、经商从政，佛教所否定的是对物欲的贪得无厌。在佛教里有一位维摩诘居士，他虽有美眷田园，富可敌国，却不被物欲所驾驭，维摩诘居士是真正做到了"百花丛里过，片叶不沾身"的境界。

有人说佛教排斥感情，其实佛教是最注重感情的宗教，佛教所要去除的是私情私欲，且将私情升华为慈悲，将私欲净化为智慧。佛教提倡的感情是奉献而不是占有，是布施而不是贪求；佛教主张的爱情是爱所有的众生，而不是一个特定的对象。菩萨济度众生的悲行，正是这种感情的最高尚表现。有的人一生追求甜蜜的爱情，爱情固然会带来快乐，但是爱情也是痛苦的来源。我们打开报纸，每日的凶杀案层出不穷，考察其原因，不外是爱情和金钱；没有智慧和慈悲的爱情是危险的陷阱。

许多人认为人生的快乐不外是拥有爱情和金钱，佛教要人去除感情，又不能贪爱金钱，信仰佛教还有什么快乐呢？其实佛教并不是不要金钱，也不主张"黄金是毒蛇"，贫穷固然不是罪恶，富贵也无须厌弃。大乘菩萨认为金钱愈多愈好，地位愈高愈好，只要不助长贪心，有利于佛法的弘扬，金钱地位何尝不是弘道的工具呢？譬如求学研究要资粮，成就事业要资本，没有资粮、资本的运用，什么事也无法完成。对于一个不善使用金钱的人来说，金钱有时候是令人毙命的毒蛇，但是对于一个运用灵巧的人而言，金钱可以随心所欲，能够完成许多的事业，因此金钱本身并无善恶，关键在于运用是否得法，拥有金钱的人是否有"提得起、放得下"的认识。

岳飞曾经慨叹宋朝当时的国势说：文官不爱钱，武将不惜死。何患天下不太平！"如果每个人把金钱、生死看得比国家重要，看到钱财就想贪取，遇到危难就畏惧，没有牺牲的精神，国家自然不能生存了。我们佛教徒要以出世的精神，来做入世的事业，有了出世的思想，对世间的名利，就不会生起贪着的心，一切的成就能回报给社会大众，不必由我享受，只要对大众有利的事，即使肝脑涂地也乐意从事。

事实上，佛教不是什么都不要，佛教也讲究"要"，只是佛教要的内容不同，要的方法不一样。佛教要的是众生的幸福，而不仅仅是自己的利益；佛教要的方法是"以不要而要"的无着心。因此，我们要以无为有，以空为有，把"有"建立在"空"、"无"的上面，因为"有"是有限、有量、有数；"无"是无限、无量、无边。

我们的人生有两个世界，前面是窄小的"有的世界"，芸芸众生无知，往往为了争"有的世界"，争得头破血流，而不知道还有一个更广阔的回头世界。我们不妨回过头来，看看这个更超脱、更广大的回头世界；这个回头的世界要灭绝我们的私欲私情之后才能显现出来。在灭绝的"无的世界"里，生死灭绝、欲望泯除，一切的对立、差别、虚妄都荡然无存，这是一个完全解脱、完全自在，放旷逍遥、洒脱无碍的人生境界，是我们学佛的人所应该努力追求的。

解脱的境界，无需等到我们的肉体死亡，生命灭绝才能到达。

当初释迦牟尼佛在菩提树下金刚座上,夜睹明星豁然开悟的那一刹那,就证得了这种绝对的寂灭的涅槃境界,只要我们勇猛精进,也能和佛陀一样体证这种光风霁月的觉悟世界。

觉悟者的境界又是个什么样的世界呢?凡人看悟道的人,总觉得怪里怪气、异乎寻常。在禅宗的语录里,描写禅师们悟道时各种不同的形态,有的疯狂似地哈哈大笑;有的徒弟打师父,师父不但不介意,反而哈哈笑着表示赞许。这些奇异的行径,看起来悖乎常情,但是对证道者而言,其中有无限的禅机,有无尽的禅悦,可见证道者的境界是不可以用凡情加以臆度的。佛陀悟道的时候,坐在菩提树下,整整21天没有起座,享受着觉悟世界那难以言喻的甚深快乐,计划着未来传法利生的工作。悟道世界的法乐,不是我们所能了解的。

傅大士有一首十分富有禅意的诗偈说:

　　空手把锄头,步行骑水牛;
　　人从桥上过,桥流水不流。

这首诗如果从字面上来了解、从常识上来判断,是充满矛盾,不合情理。既然是空手,怎么还握着锄头呢?既然是步行,怎么还骑着水牛呢?人走到桥上一看,明明是桥下的水在潺潺地流着,怎么说桥流水不流呢?其实这首诗是禅师们证悟宇宙人生的真理,对生存的世界另有一番真实的认识。证悟者所了解的世界是超越时间、空间,灭绝对立差别,而达到心物一如、表里如一、法境一体的涅槃寂静世界。如何截断纷妄奔窜的众流,趋入佛法的大海,是我们刻不容缓的急务。

四、道谛

绝灭的觉悟世界既然如此的殊胜，那么如何才能到达呢？想进趋绝灭的世界，必须依照四圣谛的"道谛"来修持。道是什么？道的范围非常广泛，举凡四无量心、四弘誓愿、三无漏学、五戒、十善、七菩提、八圣道、三十七道品、六波罗蜜等，都是道。这里举八圣道为例来作说明：

八圣道又称八正道，意思是到达灭谛的八种正确方法，即正见、正思维、正语、正业、正命、正精进、正念、正定等八种进趋圣人之境的修行方法。

（一）正见

什么叫作"正见"？遭遇任何的不平、任何的困难，也不改变对真理的信仰，就叫作正见。它除了是正确的见解、信仰之意，更包含四层意义：第一，正见有善有恶；第二，正见有业有报；第三，正见有圣有凡；第四，正见有前生有后世。

世间上的知识有善、有恶，有时候不可靠，会欺骗我们，我们看看"痴"字的结构，"知"字上头加个"病"，害了病的知识就是痴。有的人似乎聪明，做起恶事，更加深重，如希特勒等。具有渊博的知识，并不一定和人格成正比，知识如利刃，运用不当，反而如虎添翼，伤人更多、更深。如何把知识转化为智慧、正见，才是最重要。

将知识化导为正知正见，并不是一件容易的事情。其原理和照相一样，必须把光圈、距离、速度都调整得恰到好处，才能照出清晰美丽的画面，才能如实地看清楚人生宇宙的真相；缺乏正见，看世间如同雾里观花、盲人摸象,会产生严重的差错。

佛教的道理和修行方法,依每个人根性不同,而开演出种种的法门。基本上凡夫众生对佛法要养成正见,二乘根人要懂得因缘的道理,大乘菩萨要体悟空慧,而佛即是证得般若的觉者。从正见、因缘、空,到般若的有系统修道过程,好比世间人从小学生、中学生、大学本科生,再进入研究生,循序完成学业:我们学习小学的佛法,首先要培养正知正见,然后进阶至中学,观察十二因缘的道理;中学毕业了,更上一层楼,到大学里观照空慧;等到大学本科的学业完成了,最后百尺竿头,更进一步,到研究生院去修习般若波罗蜜。这是一个非常有层次的学道位,至于到达什么阶段,就看每个人对自己的期许而定。

(二)正思维

正思维就是正确的意志、决意、思索,也就是不贪欲、不瞋恚、不愚痴的意思。贪、瞋、痴三毒,经常羁绊着我们,使我们无法迈向求道的路;贪、瞋、痴三毒,时刻盘踞我们的心灵,污染我们清净的本性。想远离这三种毒害,并不是简单的事,必须付出坚韧的力量,使我们的思维时时刻刻和正法相应,才能去除三毒,趋入佛道。

(三)正语

正语就是善良的口业,即是十善业中的不妄语、不两舌、不恶口、不绮语。俗话说:"病从口入,祸从口出。"我们的口中藏有一把利斧,说话不当,不但伤害别人,也伤害自己,因此肃口正语实在是很重要的。

(四) 正业

正业指正当的身业,就是十善业中的不杀生、不偷盗、不邪淫、不饮酒。除了消极不做恶业之外,还要积极地去实践慈悲喜舍等善行。

(五) 正命

正命是正当的经济生活和谋生方式,如开设赌场、酒家,及贩卖杀生用的钓鱼具、猎枪等商店和屠宰场等行业,都不是正命。平常有规律的生活习惯,也是正命,譬如适当的睡眠、饮食、运动、休息、工作,不但能增进健康,提高工作效率,也是家庭美满、社会安定的因素。

(六) 正精进

正精进即勇猛实践"四正勤",四正勤是:(1)未生的恶要设法不使它萌芽;(2)已生的恶要彻底断除;(3)未生的善要努力助长;(4)已生的善要保持不灭,并且使它更兴盛。

(七) 正念

正念就是把心念安住于"四念住"之上,四念住即:观身不净;观受是苦;观心无常;观法无我。把心时时放在无常、苦、无我之上,对世间的锱铢小利就不会贪恋,而能够勇猛向道。

(八) 正定

正定是修得四禅定的境界,即是以禅定集中我们的意志,统一我们的精神,收摄我们散乱的身心,而培养完美的人格。

我们如果具备这八种入道法要,仿佛登山有了齐全的准备,就可以一阶一阶顺利地攀登佛法的高峰。

四圣谛好比治病的过程:一个人生病了,痛苦呻吟,是苦谛;知道病因,是集谛;对症下药,提出种种的医疗方法,如打针、做手术、运动、饮食治疗等是道谛;有了好的法疗,药到病除,终于痊愈,恢复健康,是灭谛。我们身体的疾病要治疗,我们心理的病毒,也要依靠佛法的药方来医治。从治病的原理来看四圣谛,实在非常合乎科学精神,充分显示出佛教的合理性。佛陀证道之后,即以五比丘为对象,展开弘法的工作。在初转法轮中,佛陀曾经三度演说四圣谛的妙义,称为三转;第一次为"示相转",就是将四圣谛的内容定义加以解说,以便弟子了解;内容为,"此是苦,逼迫性;此是集,招感性;此是灭,可证性;此是道,可修性"。第二次为"劝修转",就是劝诱弟子修持四圣谛的法门,以断除烦恼,获得解脱;内容为:"此是苦,汝应知;此是集,汝应断;此是灭,汝应证;此是道,汝应修"。第三次为"自证转",告诉弟子佛陀本身已经证得四圣谛,勉励众生只要勇猛精进,必能和佛陀一样证悟四圣谛;其内容为,"此是苦,我已知;此是集,我已断;此是灭,我已证;此是道,我已修"。

佛陀一再讲说四圣谛,可知四圣谛的重要。它与缘起、三法印,都是佛教的根本思想。

1981 年 4 月 12 日讲于台北"中国文化大学"

佛教的特质是什么

佛教,拥有丰富的教义、深奥的哲理,
其中,更有异于一般宗教哲学之处,
这就是佛教的特质。

任何一个宗教,都有它的基本思想、特殊教义。佛教,拥有丰富的教义、深奥的哲理,其中,更有异于一般宗教哲学之处,这就是佛教的特质。

那么,佛教的特质是什么?以下略举几点说明:

一、业力

业力是佛学的基本理论,在佛学思想中,可说是一个最重要、最困难、最易令人误解的教义。

"业"这个字,巴利文叫"迦马"(Kamma),是行为或造作的意思。凡是有意向的任何行为,出自身口意的,都可以叫作业。换句话说,业可以解作道德或不道德的意志力,及一切意志力的动作反应或结果。

说到业,首先须了解身口意是造业的主人翁,身体的造业,如杀生、偷盗、邪淫；口舌的造业，如妄语、绮语、两舌、恶口；心意的造业，如贪欲、瞋恚、愚痴等。由此身口意所造的业，可以决定人生的苦乐祸福。

"业"，并非全是恶业，业的种类，若以性质分，有善业、恶业、无记业三种。所谓善业，凡合乎人间道德，合乎大众利益的都称作善业。损人利己，或损人不利己的行为都称作恶业。无记业者，即不能分辨其善恶，如无意识的动作等。

业是意志力的反应，由意志力造作的善恶种子，都藏在阿赖耶识中，种子遇缘即现行，现行即果报分明，因业而受罪者，谓之罪业，罪业报生三恶趣；因业而得福者，谓之福业，福业报生人天；另有得定者，得色无色界天果报，能安住禅定之中，称为不动业。

业若依受报的时间来分，则有顺现受业、顺次受业、顺后受业等三时业。顺现受业即现生造业，现生就受果报，如"敬人者，人恒敬之"。顺次受业，即现生造业，今生不报，却等来生受果报；顺后受业，即现生造业，来生不受报，二生或多生后才受果报。这就如植物有一年生的，有二年生的，也有多年生的；有的春天播种，秋天收成；有的今年播种，明年收成；有的则今年播种，须待三五年才能收成，故又可称为现果、来果、后果。这是从过去、现在、未来三世，说明因果不会消灭的因果律。

有些人不明白因缘果报的道理，只见到世间有许多行善的好人，不得好死，或受苦报；而一些作恶的坏人，却过着富裕逍遥的生活，因此，便认为没有因果业力的存在。甚至于有人会说："现在是数字化的时代，为什么还迷信因果？"或者说："科技化的时代，还讲什么报应？"为什么时代进步就不能相信因果报应？殊不知每一事物的生长和成功,都是如是因、如是果,其间关系是有条不紊,毫厘不爽的。

业报之所以有现生成熟、来生成熟、后生成熟等不同,其原因有二:(1)因的力量有迟早。如一粒瓜种和一粒桃种同时下种,瓜种当年即可生长结果,而桃种须待三四年后才能结果。(2)缘的力量有强弱。如诸缘俱足,则成熟自然早些,否则助缘不够,力道不足,业果成熟自然慢。

佛教常说:"善有善报,恶有恶报,不是不报,只是时辰未到。"又说:"因果到头终有报,只争来早与来迟。"今生好人之所以受苦报,是因为他过去所种的恶因,今已缘熟,须先受苦报;而今生虽然行善做好,但是由于善因薄弱,善缘未熟,故须等待来生后世再受善报。恶人作恶,反得好报的道理也是如此,因为前生所种好因已熟,故先享福;今生所造恶因,业缘未熟,苦报尚待来生。

因此,我们可以得到因果定律的两个要点:(1)因果不会消灭:除非不造因,否则善恶种子永留八识田中,待缘起现行。(2)善恶不相抵消:已种恶因,分受其报,不能以做些好事,抵消应得的恶报。除非多做善事,多聚善缘,使恶因不起现形;譬如一杯盐水,表示恶因,若多加善因的淡水,盐分虽不减少,却可冲淡恶果的咸味。可见多行善因,多聚善缘,极为重要。

有些人对因果业报有一种错误的要求,比方在佛教里面,有人说:"我吃斋吃了几十年,到头来连家财都被倒闭了。"或者说:"我念佛拜佛,信佛教信了几十年,身体却老是不健康。"甚至说:"我吃斋念佛,可是儿女却不孝顺、不成器。"

这些都是不懂因果业报的,殊不知,道德有道德上的因果业报,经济有经济上的因果业报,身体有身体上的因果业报。要身体健康,必须讲究营养、适度运动以及卫生习惯,如不在这上面注意,只说念佛身体就会好,这叫作错乱因果。想发财,必须好好经营、发展业务,如果认为吃素菜就能发财,这也是错误的要求。对于子女,不爱护他,不教导他,不让他受教育,就想要他成才成器,要他懂得孝顺之道,这也是错误的妄想。

因果是不会错乱的,即使用现代的计算机来计算,相信对人一生善恶的积累,都没有因果报应的精确。种善因得善报,种恶因感恶果,这是一定的法则。至于谁先报谁后报,则随因缘成熟的快慢而定。

业报,尚可分为随重、随习惯、随忆念三种业报。随重的业报,是就你所造的善恶业中,何者为重,何者先报。随习惯的业报,是就各人日常的习惯而受报。佛教中的净土法门,教人念"阿弥陀佛",一句"阿弥陀佛"念了几十年,目的是要养成习惯,一旦临命终时,一声佛号就能与佛感应道交。随忆念的业报,是由忆念决定他的去向。譬如一个人出去了,茫然地来到十字路口,东西南北,要去何方?此时忽然忆念起西街有一位朋友,就朝西方走了。人临命终,亦有随忆念而受业报感应的。

人之所以为人,固然是由各人的业报所成,而使我们共同为人的业报称为"引业",也就是说,众人的业报中,有很大的共同力量,牵引我们来人间做人,而不去做狗或牛马。但是,虽然共同转生为人,在人当中,却有贤愚不肖、贫富贵贱等差异。这种差异的产生,是因为各人所造的业力不同,譬如布施者得富贵报,杀生者得短命报,这种令各人完成圆满一生的业报,即称为"满业"。

业又有共业与不共业的差别。每人所做的业,都会产生一种力量,百千人所造的业就产生百千人的力量,万亿人的业力汇聚起来,就成为一股巨大无比的力量,这就称为"共业";也就是许多众生集体的行为造作,招感一股共同的业因与业果。有别于群众共业的个人的业力,则称为"不共业"。譬如天灾、地震等大家共同感受到的灾难,这是由众人的共同业报所招感,称为"共业";个人感受不同者,即称为"不共业"。虽然业报的种类、名词很多,但是在佛教的教义中,有一个特别的道理,就是人于日常生活中,凡是身口意的活动,都是业。既然是业,就有业报,所以个人的行为,可以决定自己的一切。善恶果报自己承担,并非有神仙、上帝能够赏赐;亦无阎罗、鬼王司掌惩罚。在这样的教义下,得到几个原则性的道理:

(一) 业力的定义是自力创造不由神力

世间上的善恶、好坏,都是自己所做的,没有神明能为我们指导、安排。

(二) 业力的定义是机会均等绝无特殊

在业报的定义之下,大家受报的机会均等,绝无特殊。做了善事就有善报,做了恶事就有恶报。有人说,法律之前,人人平等。不过,在法律上难免有些特权;在业力的前提下,善恶业报绝无特权可言。

日本有一位大臣受到国家法律的制裁,在受执行前留下"非理法权天"五个字;即错的不能胜过对的;有理的不能胜过法;法律虽然大公无私,但是有些人仍可大弄权术,钻法律漏洞。不过,权术再大,终究逃不过因果业报的制裁,因为业报是公平的,人人机会均等,不管你如何灵巧,如何聪明善辩,终究必须接受业报的制裁,由此可知业力机会均等,绝无特殊。

(三) 业力的定义是前途光明希望无穷

业,告诉我们不论做了多少好事,也不必自以为了不起,因为福德因缘如银行的存款,再多也有用完的时候。如果罪恶滔天,负债累累,前途没有了希望,不必灰心,只要努力奋斗,债务终有偿清的一天。如同做错了事,被判了几年徒刑,服完刑,出狱后,一切重新再来。业报就是这样,给予我们人生无限的希望,自己的前途操在自己手里,自己可以决定自己人生的方向,前途充满无限的光明。

(四) 业力的定义是善恶因果决定有报

或许有人会认为业力像宿命论,其实不然,业报虽可以牵引我们的命运,决定我们的未来,但是,善恶业感果报全依自己的造作决定,造什么因得什么报,所谓"因果报应,毫厘不爽"。或许有人会说,我这一生讲了很多坏话,做了很多坏事,一定恶报很多善果很少,那以后的日子可不好过了。虽然事实如此,但佛教仍有"将功赎罪"的办法。虽然,恶业的果报不能消除,但却可以用大功行、大善果令它不起现行,不发生作用,也就等于抵消了恶报。

有人问:成道的佛陀有没有罪业?答案是:还是有。《法华经》说,人性有两种意义:(1)性起;(2)性具。意思是说,人过去的生死、善恶,所造的业力数不清,所受的果报也偿不完。但是,本性里虽有善恶之业,若不令它生起现行,也等于没有一样。如播种田地,幼苗种下去,如果勤于施肥、灌溉,稻禾逐渐成长,即使有一些秽草参杂其间,也不致影响稻苗的结实。这就是说,我们可以不必挂虑过去世所造的恶因,只要注重今生所播下的善种,纵然以前曾做过一些罪业,但在大善功德的覆掩之下,也不会发生影响。由此我们可以更清楚地认识业力的定义,并且把握业力来谋求自己的幸福。

二、缘起

佛教的教主释迦牟尼佛,在印度菩提伽耶的菩提树下金刚座上,夜睹明星,体悟了因缘原理和缘起的真理而成正觉。佛陀体悟万物皆从因缘而生的原理,觉悟"缘起"是宇宙人生不变的真理。佛陀说法49年,就是将自己所发现的缘起真理,如实地宣示出来。

缘起是因果性的普遍法则,一切的存在,是因缘而起的,即因缘条件和合而生起。宇宙人生的一切,是彼此相依相恃而存在。广泛地说:大如世界,小如微尘,一花一草,无不是缘起。扼要地说:佛教的缘起论,是以有情生生不已的存在为中心。这种因缘的道理,并非知识领域所能诠释,如果想用知识去了解因缘的价值,则如同隔靴搔痒,抓不到痒处,必须实际去修证体验,才能体悟充塞宇宙人生的缘起道理。佛陀在出家之前,已经通达四吠陀的哲学、五明的科学,以及当时96种外道的各种思想,最后再经过6年的苦修、冥思,而成就佛果。

佛陀成道后,原是婆罗门教的舍利弗,从婆罗门教追求真理已经很久,并且拥有很多门徒,但始终不能证得真理。有一天,舍利弗在王舍城的街巷里行走,忽然遇到最早跟随佛陀出家的五比丘之一——阿说示。阿说示比丘经常听闻佛陀说法,受到佛陀的德化,行仪上表现得威仪堂堂,使人一见,不自觉地生起崇敬。舍利弗尊敬地问道:"你是什么人?你的老师是谁?他平常怎么教导你们?"

阿说示回答:"诸法因缘生,诸法因缘灭;我佛大沙门,常作如是说。"

此"法"即指宇宙人生,亦指世间的事事物物。"法"就是"事事物物"。"诸法因缘生",是说不论什么事物都是因缘和合才能产生,因缘离散就消灭。

舍利弗得此真理后,当下如同天崩地裂,大喜之余,和好友目犍连,带着门下弟子一齐归投佛陀座前,成为佛陀门下智慧第一与神通第一的大弟子。可见佛陀所说的因缘法,确实是诸法的真理。

对于缘起的认识,可以分为三类:

(一)果从因生

因缘两字拆开来说,"因"是主要的条件,"缘"是次要的条件;"因"是生果的直接力,"缘"是生果的间接力。宇宙间的万有诸法,不论自然界、生命界,无一不是由于种种关系的结合而成,离开了各个结合的关系,绝对没有实法可得。又说诸法是一种结果,此结果的存在,必定有其生成的原因,所谓"法不孤起"。譬如一粒黄豆种子,这是因;水土、日光、空气、肥料、人工等,这是缘;如是因缘和合,然后方能抽芽、开花、结果,所以说果从因生。如果将一粒黄豆,始终放在仓库里或沙石上,没有外缘的助长,它永远还是一粒黄豆,不能成为果实。诸法因缘生,凡是从因缘生起的万事万物,不论时间或空间,彼此之间都有密切的关系。

从纵的时间观察,任何一个新的时代社会,绝不能离开旧的时代社会而突起。如薪火,旧薪燃烧过后,火焰移往新薪,旧薪与新薪是两个不同的个体,但它们之间却有微妙的关系存在,因为新薪的火是旧薪火的延续,故知离开相互的关系,要在时间流中,求个实有的东西,是绝对不可能的。

若从横的空间来观察,一切的存在,无一不是因缘生起。人之所以为人,并非没有来由,今日科学虽然非常发达,能够创造各种东西,却不能制造生命。所谓生命,是父母精子与卵子的因缘结合,方能生成;即使是复制羊,也是需要经过细胞核的分裂,才能产生,而且还需要士农工商等各种物质供需,生命才能延续。就像水泥、木材、砖头等各种建材聚集,方成房子。若把这些建材分开,则无房子可言。人也是如此,若将皮肉、血液、骨骼等各种组织分开,则无人的存在。故知诸法万有,莫不由缘而起。

讲到生命的形成,古来有一个最引人争论的问题:究竟先有鸡呢?还是先有蛋呢?如果先有鸡,没有蛋,鸡从哪里来?如果先有蛋,没有鸡,蛋从哪里来?鸡、蛋,究竟哪个先有呢?其实,佛教不讲先后,不讲从什么到什么,也不讲有始有终,佛教讲的是一个"圆",这个"圆"是无始无终的,这无始无终就是佛所说的缘起法。譬如因缘,哪一个是先因缘?哪一个是后因缘?这是无法分辨的,因为任何一件事情都是由许多因缘聚集而成的。如壁上的时钟,从1点走至12点,又从12点走到1点,它是无始无终,既没有开始,也没有结束。由此可知因缘是相辅相成的,"此有故彼有,此生故彼生;此无故彼无,此灭故彼灭",这就是缘起最好的定义。

(二) 事待理成

缘起的道理,微妙复杂,艰深难解,不是科学可以分析,也不是哲学可以说明。在《阿含经》中,佛陀特别说明缘起是佛法的特质,是不与世间共有的宇宙真理。

所谓事待理成的缘起,就是因果的法则。如种瓜得瓜,种豆得豆。种瓜不能得豆,种豆不能得瓜,如是因感如是果。这因果的法则,就是真理。一切法如果合乎"本来如此"、"必然如此"、"普遍如此"的条件,这个法则,就是真理。佛陀说:"有生必有死。"有生命的东西一定会死,从时间上讲,古代如此,现在如此,未来也必然如此;从空间上讲,中国如此,外国如此,世界各处皆如此;不论文明盛衰、科学兴弱,"有生必有死"是本来如此、必然如此、普遍如此的真理。

人从哪里来? 有宗教说:人是上帝创造的。上帝从哪里来? 上帝是本来就有的。以佛教"事待理成"的缘起观来看,上帝的存在既然是真理,就必须合乎"本来如此、必然如此、普遍如此"的三个条件。而事实上,上帝是特殊的存在,不合乎缘起的道理,它不能普遍如此、必然如此。所以上帝怎么会本来就存在呢?

又有宗教说:信我者永生。这也是不合理的学说。因为宇宙间的事事物物,都是因缘和合而成的。人有生老病死的现象,物有成住坏空的过程,哪有永久不灭的事物? 人既然是有形的肉体,就有生死循环的变化现象,这里死了,那里又生,生生死死,轮转不已;死并不是结束,而是另一个生的开始,上帝无法让你不死,也无法让你不再受生。要泯除生死的轮回,唯有证入寂静的涅槃,因为涅槃没有死,所以没有生;没有生,所以也没有死。佛教说:"此生故彼生,此灭故彼灭。"这才是永久的解脱。永生而仍然"生"于烦恼之中,这种永生有何意义?况且说:"信我者得永生。"不信的人,难道上帝就遗弃他吗?

(三) 有依空立

宇宙诸法,如何才能安立?依佛教的缘起来看,必须依空而立,没有空则万法不能成立。因为没有"空",就没有"有"。这个"空"并不是什么都没有的空,而是万法的"空性"。事物本身如果不具备空性的空,则无法显出它存在的价值与作用,这个作用就是"空用"。譬如一栋房子的存在,除了要有木料、水泥、钢筋、砖头等建材,再加上设计、绘图、测量等规划之外,最重要的,必须具备空间,才能建造房子,没有空地,再好的材料,再精的规划也没有用,所以有空间一切事才能办成。

又如我们之所以能够生存,那是因为人的身上有许多的空间:譬如耳朵是空、眼睛是空、鼻子是空、排泄系统是空,所以才有生命。反过来说,如果耳朵不空、眼睛不空、鼻子不空、排泄系统不空,试问人还能生存吗?生命还能存在吗?

要"空"才能"有",宇宙诸法就是建立在这个空义上面。因为"空",并不是虚空,而是缘起性空,缘起有是一切法存在与活动的原理。换句话说,如果没有空性,一切法则不能从缘而有,也不可能有生有灭。

基于这种存在的现象，龙树在《中观论·四谛品》中提出"以有空义故，一切法得成；若无空义故，一切则不成"的论说。

三、空

前面讲宇宙"缘起"的现象是"诸法因缘生，诸法因缘灭"，而诸法是因缘和合而生，因缘消散而灭，所以其本性为空。世间的形形色色，皆由于因缘和合而成，并没有实在的自体，故称为"空"。常人对空的了解，往往止于什么都没有的"顽空"；说到有，则认为是什么都有的"实有"。而佛法所说的"有"，是如幻的缘起假有，是无实的自性本空，这就是缘起性空的道理。下面我们分为三点来解释空的真义：

（一）四大本空，五蕴非有

平时我们常讲"四大皆空"，一般人不了解什么是四大，常妄执酒色财气为四大，甚且常拿"四大皆空"来污蔑佛教，诽谤僧人。

"四大本空，五蕴非有"，这是佛陀成道后，对宇宙世间诸法万象的说明。山河大地，皆是四大元素因缘和合而成。什么是四大呢？即地、水、火、风四种。地是坚硬性，水是潮湿性，火是温暖性，风是流动性。为什么称地水火风四种元素为大呢？因为宇宙世间一切物体，皆由此四种元素构造而成，故称其为大。譬如一个杯子，是由泥土烧成的，泥土是属地大；泥土须掺和水，再用火烧，是有水火二大；经风吹成固体而为杯子，是有风大。

贵为万物之灵的人类，亦是四大和合而成。《圆觉经》说："我今此身四大和合，所谓发毛爪齿，皮肉筋骨，髓脑垢色，皆归于地；

唾涕脓血，津液涎沫，痰泪精气，大小便利，皆归于水；暖气归火；动转呼吸归风。四大各离，今者妄身，当在何处？即知此身，毕竟无体，和合为相，实同幻化。"说明我们的肉身是虚幻不实在的存在，身体上有一大不调，即百病丛生；若四大分散，则生命死亡。

生命是因缘结合的关系，没有实体可得，故虽是有情的肉体，也只是假合的存在而已。如和合的因缘力量穷尽，结合的关系也跟着消灭，生命的肉体立即灭亡，还有什么实在的自我存在呢？所以佛陀说"四大本空，五蕴非有"，指出假合的身体，不是坚固实有。

关于"四大本空，五蕴非有"，有一则著名的掌故：

宋朝苏东坡居士，有一次去探望金山佛印禅师。当时苏东坡官封杭州知府，冠带上山，禅师一见苏东坡，便说："苏学士何来？此间已无你坐处。"

苏东坡随即答道："既无坐处，何不暂借和尚的四大五蕴为禅床呢？"

佛印禅师道："山僧一句转语，若学士答得，老僧与你作床座；若答不出来，请解下身上所系玉带，留镇山门。我问你：山僧四大俱空，五蕴非有，学士何处坐？"

苏东坡一听，瞠目无言以对，于是解下皇上御赐的玉带留镇山门，辞别而去。至今金山江天寺仍有"留玉楼"与"留玉石"，寺中并塑有禅师与苏东坡像，供后人瞻仰。

由此可知，四大假合，五蕴组成的色身，没有实体可得。

另外，在一个乡村地方，有一位虔诚信佛的老太婆，她听说念经很有功德，便找了一位教书的老先生教他诵《心经》，这位老先生不但教她念，还逐字解释。老太婆学会诵《心经》后，每天至诚恳切地在佛前诵念。有一天,当她念到"无眼耳鼻舌身意"这一句时,忽然生起了怀疑,她用手摸摸自己的眼睛,拉拉自己的耳朵,再指指自己的鼻子,心想:眼睛、耳朵、鼻子不都在吗?怎么说"无眼耳鼻舌身意"呢?于是赶快跑去找老先生,指着自己的眼睛问道:"《心经》说无眼耳鼻舌身意,可是,眼睛、耳朵、鼻子不明明都在这儿吗?"教了几十年书的老先生,被不识字的老太婆这么一问,竟也瞠目结舌,无以作答。

这则故事告诉我们:一般人以为眼睛、耳朵、鼻子都是实在的东西,殊不知如前面所说,一切都是由于因缘和合而成的,只是一种形质的假合,没有实体实相,所以《心经》说"无眼耳鼻舌身意"。宇宙世间各种事事物物,皆因缘聚集而生,所谓"缘聚则生,缘散则灭",只是假合之相,暂时的存在而已。

(二)如何见空

诸法本体虽然是空不可得,但是假相的作用形态,并不是空无所有。诸法所以是空,因为无自性可得;诸法所以是有,因为相用是非无的。我们可以从以下各种作用上见到"空"。

1. 从相续假看空:无常故空。如长江后浪推前浪,世上旧人换新人,时间相续不断,世事苦空无常,从无常的相续中,我们可以看到空。

2. 从循环假看空:因果故空。宇宙万物,世间诸法,皆离不开因为果、果为因的因果法则。如一粒种子,有了阳光、空气、水分、泥土等外缘后,于是抽芽、开花,乃至结果。种子是因,结果是果;如果再以所结之果接受外缘,再开花结果,则原有的果,即变为因,因因果果，互为因果，从这循环的假相中，我们可以看到空。

3. 从和合假看空：缘起故空。诸法因缘和合而生，如人由皮肉、筋骨、血液等和合而成为人；若将各种组织分开，则无人的自体可得。故从和合之中，可以了解"空"。

4. 从相对假看空：相待故空。世间万物，都是互相对立的：如父子、师生。如儿子结婚后，生了孩子，成为父亲；学生学有所成，成为老师，可知相对立的都不是真实。再如有人在二楼，叫楼下的人上来，二楼是上，一楼是下；二楼的人叫三楼的人下来，则二楼变成下，三楼才是上，可知这上下的相对立，都是一种假相。

5. 从相状假看空：无标准故空。如蜡烛灯、煤油灯、电灯等，灯光的亮度没有标准。先看蜡烛光以为很亮，再看电灯光则觉得烛光不够亮了。又如乘坐交通工具，本以为汽车很快，与火车、飞机比较就变成慢了，所以世间上的各种事物，从其无标准的相状上，可知道是空。

6. 从名词假看空：假名故空。宇宙间诸法万象，有其各种不同的称呼，这种称呼名词皆是假有，所以为空。如才出娘胎的女孩，我们叫她女婴；过几年，进学校念书，称她为女学生；十七八岁时，发育成长，亭亭玉立，称为小姐；结婚后，称为太太；生了小孩，孩子称她为妈妈；年事渐长，儿女婚嫁，孙子称她为祖母。由女婴到祖母，是同一个人，只是名词不同而已。一块布，穿在上身的叫作衣服，穿在下身的叫作裤子，穿在脚上的叫袜子，戴在头上的叫帽子。同是一块布有各种不同的名词，这是现象的假名。从不同的假名中，我们可以了解到"空"。

7. 从认识不同看空：心境无定准故空。下雪的夜晚，诗人坐在窗前赞叹奇景,自语道:"若再下它三尺,景色将更旖丽。"这时,屈居在屋檐下的乞者,缩着身子,不胜酷寒地感叹道:"大雪纷纷满天飘,老天又降杀人刀;再落三尺方为景,我辈怎得到明朝?"这是不同的心境对同一事物的看法。又如情人眼里出西施,你说她丑,我说她美。由此知道,从各种不同的认识中也可以了解"空"。

四、三法印

三法印为佛法的重要教义,"法印",好像世间一切货物的印信,盖了这颗印,就知道货物是真的;没盖印的,就知道它是假冒、伪劣的。所以三法印,是用以辨别佛法的真伪,若与此三法印相违的,即使是佛陀亲口言说,也不是了义法。反之,若与三法印相契合,不违背这三种理法,即使非佛所说,也可以认为它是佛法。

三法印是"诸行无常"、"诸法无我"、"涅槃寂静",这三者是用来印证是否为佛法,故称为"三法印"。

(一)诸行无常

"诸行"是指世间上一切形形色色的事物。这些事物,若依佛法来观察,没有一样是常住不变的。以下从两个道理来说明:(1)三世迁流不住,所以无常;(2)诸法因缘生,所以无常。什么是三世迁流?过去、现在、未来叫作三世。一切法在时间上是刹那不住、念念生灭,过去的已灭、未来的未生、现在的即生即灭,故说无常。何谓诸法因缘生是无常?因为一切法都是因缘和合而成,因缘离散则消灭,而因缘是无常的,由因缘所生之法,自然也是无常。譬如人生由过去的业识来投胎,到呱呱坠地,由幼而成长,以至衰老而死亡,又再去投胎,如此死死生生,生生死死,三世迁流不住,所以生命是无常的。又众生的生死,叫作"分段生死",菩萨位上的生死叫作"变易生死",未成佛果,必然有此两种生死,故有一期一期的生死之相可得,而此一期一期的生命,即是从刹那不住,念念生灭的变异而死亡。《成佛之道》云:"积聚皆销散,崇高必堕落,合会要当离,有生无不死。"这都是说明人生无常的道理。

人的心念亦然,一念生一念灭,刹那间变幻莫测。而宇宙万事万物亦是如此。一切现象是时刻刹那生灭,刹那变化,换言之,只是时间性的存在,亦可说是永远的过程而已。世界的生住异灭,气象的春夏秋冬,人生的生老病死等,一切的一切,均如大河之流,滔滔潺潺,迁流变化不息。在这流动之中,并无任何一个不变的东西。

再者,宇宙世间一切事物,依物理学来说,没有一样是静止不变的,所以称为"无常"。如花朵,以肉眼来看,它是静的,若用物理学的角度来观察,则知组织成花朵的各种元素都在新陈代谢中。各种元素的变化,促成花朵的逐渐凋谢,它虽然也曾鲜艳一时,但终究要枯萎死亡,因此,我们知道它是无常的。如果它不是无常,而是常住不变的,那么花朵将永远不凋谢,不枯萎,既然会凋谢、枯萎,即证明它是无常的。

人的感受有三种,即苦受、乐受、不苦不乐受。苦受当然是苦,乐受因无常所以也是苦,这是坏苦。譬如健康、美丽,这是快乐,但当失去了健康、美丽时,痛苦就跟随而来;又如一般人常常感叹人生没有不散的筵席,亲朋好友欢聚一堂,散席时就感到悲伤,所以说乐受是坏苦。不苦不乐受所感到的是行苦,如时间的流逝、生命的短暂,世间没有真正常久不变的,这迁流不息的转变,带给人类的也是一种难以忍耐的苦,这是无常的苦,所以说在诸行无常下,诸受皆苦。

(二) 诸法无我

世间万有诸法,没有一样是独自存在的。人,喜欢执"我",都认为有一个我的存在,我的头、我的身体、我的思想、我的父母、我的妻子儿女,从这上面生出自身的"自我爱",和我所有物的"境界爱"。凡事都以我为主体,好像离开了这个我,就什么都没有了。而佛法对诸法作理性的透视则说"无我",在一切诸法中,没有一个常住不变、固定自在的我可得;因为可以称为"我"的,必须具有恒常的、主宰的、不变的、自在的四个定义。但是,现在被我们认为是"我"的这个身体,数十寒暑,从生而老,无时不在生灭递嬗,哪里是恒常的、固定不变的呢?身体是四大所聚、五蕴结合而成,缘聚而生,缘散而灭,哪有自主性呢?身为众苦所聚,生理上有饥、冷、疾病、疲劳等苦,精神上有憎怒、哀惧、失意等苦,当众苦逼迫时,欲离不能,那有自在可言?"我"是无法成立的,故说"诸法无我"。

无我是中道的基础,是佛教的根本思想,亦是佛教与其他宗教、哲学的差别点。

(三) 涅槃寂静

涅槃寂静是说不论世间如何动乱,最后终归于寂静;不论万法如何差别,最后终归于平等。动乱归于寂静,差别归于平等,寂静、平等,这就是涅槃的境界。依佛法来说,达到涅槃的境界,已寂灭了一切烦恼和生死，到了离苦得乐的境地，也就是圆满一切智德、寂灭一切惑业的果位。

一般人以为涅槃是死后的世界，如某某法师去世，便说得大涅槃了。其实涅槃的定义是不生不死，即"灭度"的意思。什么是灭度？灭是除灭执着，灭除我执、法执、烦恼障、所知障。度是度生死、度凡夫的分段生死，度圣贤的变易生死。涅槃是解脱，烦恼是系缚。离系缚处，即是解脱；断烦恼处，即是涅槃。譬如一个犯人，为杻械枷锁系缚时，无自在可言，一旦卸除了，便得解脱。众生为贪瞋痴等烦恼所系缚，若修习佛法，断除烦恼，即得解脱，解脱即是涅槃。

佛在世时，诸大阿罗汉多先现证涅槃而后游化说法、托钵乞食。依此可知，涅槃并非离一切法之外，别有一物可以证得。诸法本来即是涅槃，只因众生无明覆心，妄想执着，视一切我、法皆有实体可得，故处处都成为障碍系缚。若如圣者，知一切缘起法，虽有而自性空，无所系着，则能即物而得解脱，解脱即是涅槃。

有人说："人生如大海。"人海茫茫，恰如大海中的水浪波涛汹涌，一浪推一浪。大海的汹涌可喻人生的诸行无常，动荡不止。若能以圣贤的眼光来看，则知海浪虽汹涌，其水性却是永远寂静的；恰如人生，虽生了又死，死了又生，但人的真如本性却永远涅槃寂静。所以我们要求涅槃的解脱，就要从诸行无常、诸法无我的动荡之中去体悟，并非离开了无常与无我，另有涅槃寂静的境界可得。如海水，可从波涛中获得水性；并非离开了波涛，再另觅水性。

"小乘三法印，大乘一实相印"，这种说法是因为众生根基有利钝的不同，所以佛的说法才有广略的方便。终其究竟之理，也只有一个。说三法印,是为钝根而渐入者说;说一实相印,是为利根者直明法性空。一实相印,实则即三法印中的涅槃寂静,只因对小乘根基者说,此涅槃寂静是与生死相对的,所谓"生灭灭已,寂灭为乐"。大乘则直明诸法实相义,谓一切法本性空寂,即是涅槃。《大智度论》说:"佛说三种实法印,广说则四种,略说则一种。"三法印与一实相印,在本质上是没什么不同的。如一座高山,从上面望,与从左右望,所得的结论,不一定相同,但说的都是同一座山。

透过上述佛教的四点特质,可正确认识佛教的概况,并且作为研究佛法的阶梯。

1977 年 6 月 12 日讲于屏东农专

佛教的忏悔主义

忏悔是学佛者必修的法门,更是建立祥和社会的救世法宝,
因此,我们要能时时抱持忏悔的态度,有清明的心胸,
早日见到自己的真如自性,享受快乐解脱的人生。

"忏"和"悔"的意义不一样,忏是请求原谅,悔则是自申罪状,所以"忏悔"的意思,是悔谢罪过以请求原谅。

忏悔好比一张桌子脏了,拿一块抹布,用清水擦拭,桌子就会干净;衣服脏了,用水清洗,也可以变得很干净;身体有了污垢也要沐浴,沐浴以后浑身舒服自在;茶杯污秽了,要用清水洗净,才能再装水饮用;家里尘埃遍布,也要打扫清洁,住在里面才会心旷神怡。这些外在的环境、器物和身体肮脏了,我们知道拂拭清洗,但是我们内在的心污染时,又应该如何去处理呢?忏悔如法水,可以洗清我们身口意的罪业。

为什么忏悔能消除罪业呢?比如小孩犯了错,父母生气得拿藤条要打他,这个时候,小孩说:"我下次不敢了!"只要有这么一个忏悔的声音,父母便能原谅,不再打了。忏悔又如在一块田地里播撒种子,虽长了禾苗,难免会有一些杂草混杂其中,但是只要把禾

苗照顾好,给予灌溉、施肥,使禾苗长得高、长得壮,下面的杂草(罪业)也起不了作用。

《大乘本生心地观经》云:"忏悔能烧烦恼薪,忏悔能往生天路,忏悔能得四禅乐,忏悔雨宝摩尼珠,忏悔能延金刚寿,忏悔能入常乐宫,忏悔能出三界狱,忏悔能开菩提华,忏悔见佛大圆镜,忏悔能至于宝所。"忏悔为什么有如此大的功效呢?下面分为四点来说明佛教的忏悔境界:

一、生活上的忏悔与知识上的忏悔

日常生活中,身口意三业在有心无心之间,不知做错了多少事,说错了多少话,动过多少妄念,只是我们没有觉察而已。所谓"不怕无明起,只怕觉照迟",这种内心觉照反省的功夫,就是忏悔。

忏悔在生活上有什么作用呢?它能帮助我们什么?

1. 忏悔是认识罪业的良心:如某甲对某个人看不惯,气他、恨他,不过那个人到某甲面前说:"对不起,过去诸多得罪之处,请你多多原谅。"由于他的这一念忏悔心,过去的冤仇、怨恨,便可能一笔勾消,不再计较了。所以佛教说:不怕你犯错,只怕你不肯忏悔。

2. 忏悔是祛恶向善的方法:《地藏十轮经》里,佛陀说:"于我法中,有二种人名无所犯:一者、禀性专精本来不犯;二者、犯已惭愧发露忏悔。此二种人于我法中,名为勇健得清净者。"有勇气忏悔的人,便是有决心改过迁善者,譬如佛法所说的四正勤:(1)已生恶令断除:对于所作诸恶事,生起苛责之心,并对他人发露忏悔,此即内心惭愧,外不覆藏,则能令罪垢清净。(2)未生恶令不生:因能信受佛法的教诲,并对往罪生起惭耻之心,自能誓不造新罪。(3)未生善能生起：因有除罪止非之心，即能积极勤修善业。（4）已生善令增长：为使已生之善能更增长，而勤精进。

3. 忏悔是净化身心的力量：《四十二章经》里提到，如果犯错不忏悔，罪恶就会越来越深重，像海水一样深广；如果知错能改，罪过就能像生病出汗，渐渐痊愈。

平日衣食住行中，能够保有忏悔的心，就能得到恬淡快乐。如穿衣服时，想到"慈母手中线，游子身上衣"的古训，想到一针一线都是慈母辛苦编织，密密爱心，多么令人感激？如此一想，布衣粗服不如别人美衣华服的怨气就消除了；吃饭时，想到"一粥一饭，来处不易"，粒粒米饭都是农民汗水耕耘，我们岂可不好好地珍惜盘中的食物？

有了惭愧忏悔的心，粗茶淡饭的委屈也容易平息了；住房子，看别人住华厦美屋，想想"金角落，银角落，不及自家的穷角落"，觉得有一隅陋室可以栖身，远胜于天下多少流落屋檐的风雨人，忏悔的心一发，自然住得安心舒服；出门行路，看到别人轿车迎送，风驰电掣好不风光，想想别人为此曾熬过多少折磨，吃过多少苦楚，是心血耕耘得来，而自己努力尚不够，功夫还不深，如此安步当车，倒也洒脱自在了。一念忏悔，使我们原本缺憾的生活变得时时风光、处处自在、丰足无忧，这就是常行忏悔的好处。

忏悔，是我们生活里时刻不可缺少的美德。忏悔像法水一样，可以洗净我们的罪业；忏悔像船筏一样，可以载运我们到解脱的涅槃彼岸；忏悔像药草一样，可以医治我们的烦恼百病；忏悔像明灯一样，可以照破我们的无明黑暗；忏悔像城墙一样，可以摄护我们的身心六根；忏悔像桥梁一样，可以导引我们通往成佛之道；忏悔像衣服一样，可以庄严我们的菩提道果。《菜根谭》里说："盖世功德，抵不了一个矜字；弥天罪过，当不得一个悔字。"犯了错知道忏悔，再重的罪业也能消除。

忏悔虽然有如此殊胜的功德，但是一般人总是轻忽怠惰，不容易生起忏悔的心。我们常在噩运降临时，才懊恼自己的种种错误；等到病魔缠身时，才嗟叹自己的荒唐无度；在经济拮据的关头，才正视自己的挥霍浪费；到了山穷水尽、四面楚歌的地步，才悔恨自己的鲁莽；活到年老力衰、齿落发秃时，才后悔少壮不知发奋向上，老大徒然伤悲。

佛教经典说："菩萨畏因，众生畏果。"菩萨和众生的差别，在于菩萨有前瞻远见，不会迷惑于一时的贪欲，造作万劫难复的恶因；而众生短视浅见，只看到刀锋上甜美的蜜汁，却浑然不顾森寒锐利的锋刃，等到尝到了蜜汁，舌头也割破时，已种下无尽的苦果，后悔莫及。

人生短暂，我们应及早高瞻远瞩，未雨绸缪，趁着年轻力壮的时候勤奋垦拓，趁着富贵丰裕的时候常行布施，趁着因缘凑泊的时候广结善缘，创造自己未来光明而美满的人生。

除了生活需要反省忏悔外，在知识上也要时时自我检讨，因为知识是一种深广无涯的东西，常常进化变异，容易产生下面的错误：

1. 思想上的错误：就是佛教说的"邪知"，是学问和观念上的偏差，譬如不相信三宝、不相信因果、不相信轮回等，一旦发现自己有这种邪知，能回头自省："我的知识错了。"这就是思想上的忏悔。

2. 见解上的错误：就是佛教说的"邪见"，是对人对事的看法不正确,譬如否定道德伦理的价值、处事错乱、误解他人等。有了这种邪见,能自我警惕:"我的念头错了。"并立即改进,这就是见解上的忏悔。

3. 言论上的错误:也就是佛教所谓的"邪说",在言词上有了缺失,譬如妄语、两舌、恶口、绮语,说些模棱两可、似是而非的话。邪知邪见有时潜藏于心中,不易发现;而邪说往往借口舌发露,变成口业,容易滋生是非,伤害别人,因此我们要守口如瓶,要慎舌如刀,时时警惕自己:"我说话太冒失了。"这就是言论上的忏悔。

日常生活中食、衣、住、行的忏悔,是身体行为的自我省察;知识、思想、见解、言论的忏悔,是心理意念的净化修持。只要常常在生活上反求,在知识上明辨,痛下忏悔功夫,就能使我们身心清净,生命升华了。

二、人事上的忏悔与工作上的忏悔

人与人相处,日久难免有不愉快的摩擦,有时在有意无意间冒犯了别人都不知道。因此在人事的交往上,如果能常持省思忏悔的心念,天地就宽阔多了。心中不造作罪业,人事自然和睦,想开、看破了,像法庆禅师《预言颂》所言:"四大将离本主,白骨当风扬却。"生命都把握不住,人我是非又何必执着呢?如此转念一想,真是人生何处不春风!

过去有一位云居禅师,曾经说过人事上的十种后悔,劝告我们不要轻忽蹈陷。这十种悔事是:

1. 逢师不学去后悔:善知识难遇难求,良师给予我们的影响非常深远,一句真实话,往往能终生受用。像善财童子不辞艰苦五十三参,赵州禅师活到80岁还行脚参访,都是因为经师易得,人师难求。如果遇到了人天师范,却不知道好好亲近学习,等到机缘流失,徒然悔憾不已。

2. 遇贤不交别后悔:古人说:"良药苦口利于病,忠言逆耳利于行。"人生得一贤达知己,能够常常切磋恳谏,是极稀有难得的殊遇。我们对于犯颜直谏的贤人益友,要能倾心接纳,千万不要排斥,否则贤友诤友一一离去,人生的好机缘也失之交臂了。

3. 事亲不孝丧后悔:所谓"生前一滴水,胜过死后百重泉",父母长辈在世时,不能承欢膝下,甘旨奉养,甚至百般忤逆,等到慈亲逝世了,纵然身后极尽风光体面,墓冢巍峨,又有什么意义呢?"堂上双亲你不孝,远庙拜佛有何功?"倒不如父母活着的时候,多尽一点孝心。

4. 对主不忠退后悔:跟随上司工作,不能尽心尽责,忠于职守,等到违过被辞了,悔恨交加,有什么用?

5. 见义不为过后悔:生命的境界,常在一刹那间取决,一念迷即卑私,一念觉即高义。如果见义不为,错失良机,懊恼也于事无补。

6. 见危不救陷后悔:良知,是一种无法欺瞒的东西,见他人危难而吝于伸出援手的人,事后总难免有"我虽不杀伯仁,伯仁因我而死"的无穷悔恨。

7. 有财不施失后悔:《百喻经》里有个人很想宴请亲友,可是家里只有一只乳牛,一时无法挤出那么多的鲜奶来招待他们。他想:如果我从现在起,把牛奶留存在乳牛的肚子里,都不去挤它,等到请客那天再一起挤出来,不就有好多的鲜乳了吗?于是从那天起,他不给小牛喝奶,也不去挤奶。一个月后,他请了好多的亲朋好友到家里,并拿出一个大木桶,想挤满一桶新鲜的牛奶来宴客,却一滴也挤不出来。这则譬喻故事的意思是:想布施的人,不必等到钱多时再来布施做功德,如果平时不养成乐于助人的行为,就如"牛腹蓄乳"一样,等到失去财势机缘了才后悔,已无济于事了。

8. 因果不信报后悔:一粒稻种子撒在不同的土里,会以不同的因缘生长结穗,沃田里的稻穗必丰收,瘠土上的稻穗必贫枯,一粒稻种子都有因果差异,我们要相信"如是因,如是果"的业报真理,时时警惕自己,不要放逸六根种下恶因,否则感受恶果时已噬脐莫及了。

9. 爱国不贞亡后悔:"覆巢之下无完卵",国家的兴盛,是国民的福祉,所以全体国民,不论在朝在野,不分公职私职,都应当以国脉存亡为己任,努力贡献。

10. 佛道不修死后悔:身强体健时,不好好修行求菩提,等到白发频添、牙齿动摇,连佛号都念不住了,还能精进修持吗?所谓"人身难得今已得,佛法难闻今已闻;此身不向今生度,更向何生度此身?"等到无常来临,才劳驾别人为我们持念"往生咒",就太迟了。

综合上面十种后悔来看,人际间的因缘要及早把握,常保一颗忏悔的心,觉得我对不起一切众生,有了这颗不争不执的心,可以避免贪瞋的污染,人事关系自然随之和谐了。

除了人事上的忏悔之外,更要有工作上的忏悔。譬如盖房子偷工减料,造成崩坍的不幸,良心上能不忏悔吗?为了骗取厚利,假冒伪劣,粗制滥造,不顾商业道德,破坏国家形象,不应该忏悔吗?为满足个人贪欲,恶性倒闭,造成金融混乱,使多少人生活陷入困境,使社会笼罩苦难阴影,能不忏悔吗?如果人人有忏悔的善心,以大众利益为前提,置个人得失于度外,我们的社会就能繁荣富庶,国家就能和谐安乐。

佛经里有十种忏悔法门,为我们在人事和工作上的忏悔提出了指引,这十种忏悔法门是:

1. 对诸佛忏悔。对诸佛忏悔,并不是要我们跪拜偶像,对木头石像磕头,而是要我们洗心革面,移情化性。过去有一位虔诚的信徒,每天从花园里采撷鲜花到寺院供佛,终年不辍,无德禅师嘉勉她说:"你每天都能虔诚地以香花供佛,真是难得。经典记载:常以香花供佛者,来世当得庄严相貌的福报。"

这位信徒听了,很是欢喜,请求禅师继续开示:"师父,我每次来寺院,以香花礼佛,觉得心里清凉而宁静;可是一回到家,面对琐碎的家务,像陷身火窟一样,觉得焦灼不安。请师父开示,如何在烦嚣的尘世中,保持一颗清净心呢?"

无德禅师反问:"你知道如何保持花朵的鲜艳吗?"

信徒回答:"只要每天换水,并剪去泡烂的那截花梗,花就不易凋谢了。"

无德禅师回道:"保持一颗清净心,也是这样;我们好比花,生活环境像瓶里的水,要每天净化身心,多多忏悔反省,去除腐烂的习性,长养清净的心苗,才是礼佛的真义。"

信徒听了,恍然大悟,欢喜作礼:"谢谢师父开示,希望以后有机会过一段寺院修行生活,享受暮鼓晨钟、菩提梵唱的宁静。"

无德禅师笑道:"你的呼吸便是梵唱,脉搏跳动就是钟鼓,身体便是庙宇,两耳如同菩提,言语动静举手投足间,无处不是宁静,何必执着寺院形相呢?"

在佛菩萨面前参禅或忏悔,不仅是身体的跪拜诵念,重要的是抛去心中的杂念,息下妄缘,割舍罪业,清净身心。

2. 对父母忏悔。为人子女者,自忖有亏孝道,不能甘旨奉养,光耀门楣,因而忏悔改进,也是一种孝心。

3. 对子女忏悔。为人父母者,常觉得对子女哺养照顾不够,对他们的呵护关爱不够,因而力谋周全,必定可以做好父母。

4. 对师僧忏悔。过去印度有一个迦奢国的国王想谋害大象王,命令杀手穿了袈裟,伪装成沙门的模样前往,被大象王的母亲识破行藏,劝儿子拒见以避祸,大象王决定舍身度化顽劣,答谢母亲说:

见袈裟一相,知是慈悲本;
此必归佛者,悯念诸众生。
汝勿怀疑虑,宜应速摄心;
被此法衣人,欲渡生死海。

师与僧,都是传道人,是真理的化身,是暗夜的明灯,即使不能效法大象王的慈悲,也应该常向师长忏悔、惭愧自己于道业没有成就。

5. 对弟子忏悔。做师父和老师的人,也要常反省对弟子有没有尽心尽力教诲,以免误人子弟,作践人才。

6. 对国主忏悔。国家保护我们,领袖领导我们,使我们能安居乐业,而我们对国家和社会又贡献了多少?有了这样的忏悔心,自能负起保家卫国的责任。

7. 对檀越忏悔。一个出家人,对信徒檀越也要有忏悔心,觉得我没有全力为大众解除疑难,没有时时为大众度化灾厄,实在愧对三宝与缁素,所以要好好用心,多做一些弘法利生的事业。

8. 对良友忏悔。与朋友相处,总觉得你待我太好,我对你不厚道,如此多多严以律己,宽以待人,才能广结善缘。

9. 对所化忏悔。信徒对佛教、寺院的护持,要耗费多少时间?花费多少金钱?而自己对信施究竟有多少帮助?一念及此,内心即有海深山积的惭愧!

10. 对龙天忏悔。天龙八部护持我们,在冥冥之中加被我们,使众多因缘成就我们,度越一切夷险,不堕愚痴迷途,我们能不好好回馈十方大众,报答天龙八部吗?

忏悔是如此的美好,当人人前争后逐、暴戾愁恼时,我们要退让礼敬、谦敬忏悔,使心地如熙日般光明,性情如和风般安详。可是,社会上对于能忏悔改过的人,并不能真正尊重,也少见包容。如犯人释放之后,虽已改过自新,立志向善,可是回头悔改的浪子,常缺乏工作机会,在没有出路,无立足之地的恶况下,只好再度犯罪,实在可惜!

《五分律》云:"若知有罪,而忏悔者,增长善根。"佛教徒应该有大度量、大胸襟,包容忏悔的人,协助忏悔的人。金代禅师养兰的公案,就是一个例子——

金代禅师在寺旁庭院里栽培了几百盆兰花,并且视兰花为爱徒。有一天,禅师因事外出,吩咐弟子代为照顾,弟子在浇水时,不小心把兰花架绊倒,整架兰花毁成一堆,弟子非常愧疚,决定等师父回来后勇于认错,甘愿受罚。金代禅师回到寺里,看见兰园里的残破景象,听了弟子真诚恳切地忏悔,不但不生气,反而心平气和地安慰弟子说：

"我之所以喜爱兰花，是为了用花供佛，美化寺院，不是为了生气发怒而种植的。生死流转，物相无常，如果迷恋于心爱的事物，执着不能割舍，就不是禅者的行径了。"

三、感情上的忏悔与修持上的忏悔

人生短暂，一如轻烟与飞雾。有的人追求爱欲荣华，过着愚痴烦恼的生活；有的人断欲守空，过着清净清凉的日子。崇高与卑微，全在感情的一念取舍。我们在感情的生活里，要有忏悔的心情，觉得这件事我对不起某人，这个地方是我错了，这种情形是我疏忽了……日日忏悔，日日改进，性情胸襟自然能开阔，生活质量自然能提升，否则每天被感情牵制束缚，住在五欲六尘的牢狱中，不能超拔，不能解脱，那种瞋恚惊怖、垢秽怨祸的日子，实在是苦不堪言。

佛经里有一段记载，说明忏悔不但能改变一个人的气质，还能改变一个人的相貌：印度波斯匿王，有一个面容丑陋的女儿，因为长得实在难看，即使贵为公主，也没有男子喜欢她。国王不得已，只好在贫民窟中找一位青年，赐予高官厚禄，让他与公主成亲。

婚后，因为公主实在丑陋，这位青年不敢带她出双入对地参加宫廷应酬，每次盛宴都是只身前往。日子一久，大家都觉得奇怪，驸马怎么老是不带公主出来？几位驸马的朋友，商议把驸马灌醉，偷走他身上的钥匙，一探究竟。

被锁在家中的公主，因为感伤自己的丑陋，日日虔诚地在佛前礼拜、忏悔自己丑陋的业障。当她恳切忏悔时，原本粗糙不堪合掌的双手,渐渐变得雪白润泽起来;那双瞻仰佛像的细眼,也慢慢变得晶莹美丽;当她向佛陀倾诉心曲,求佛宽恕时,整个人忽然变得气质高雅,仪态优美。

驸马的朋友偷偷窥见虔诚礼佛的公主,果然国色天香,一个个屏气凝神,几乎看呆了。回去后纷纷数落驸马自私小气,藏美人于深宫之中。

由此可知,忏悔者常蒙三宝加被,忏悔者多能移情化性,经常忏悔的人,能洗涤一切烦恼垢,长养无边诸善根,消除业障,种植福田。

至于修持上的忏悔,天台宗有三种忏悔法门:

1. 以戒律门忏悔:精持戒律,夙夜不懈地修持,犹如大火,烧去一切情识障。

2. 以功德门忏悔:常行功德,供养三宝的修持,犹如春风,消去一切烦恼障。

3. 以无生门忏悔:看破生死,修习无我的修持,犹如净水,洗去一切知见障。

修持忏悔的法门虽多,最重要的是要真诚发露。发露,就是把自己的罪过在大众面前坦诚无讳地说出来。从忏悔的情状,可以看出一个人忏悔的等级。如果是上品的挚诚恳切,忏悔时会全身流汗,且痛哭流涕,泪中带血,这是最高的忏悔;中品的忏悔,身上所有毛孔发热,眼睛布满血丝,眼泪、鼻涕双流,懊恼欲死;最普通的下品忏悔,则是涕泪纵横,俯身不起。

忏悔,要至诚发心,罪业才能消除。过去有一个小沙弥走夜路时,不小心踏死了一只青蛙,师父知道以后,神色黯然地对小沙弥说:"真是罪孽深重啊!你怎么可以随便踩死生灵呢?为免业报轮回,你只好到后山跳崖舍身谢罪了。"

小沙弥一听,刹那间犹如五雷轰顶,这才知道祸根大了,只好含泪拜别师父,万分伤心到山后悬崖,往下一看,深谷又深又暗,小沙弥心想:跳下去,粉身碎骨,必死无疑;不跳呢,三途受苦,累世轮回,业报逃不掉,这可怎么办呢?小沙弥忍不住掩面痛哭了起来。这时正巧有一个杀猪的屠夫经过,看到小沙弥跪在路旁哀哀痛哭,觉得很奇怪,上前追问,小沙弥一五一十地把前因后果说了一番,屠夫听了,顿时悲从中来,悔恨万分地说:"小师父呀!你不过无心踏死一只青蛙,就要跳悬崖自杀才能消业。我天天杀猪,满手血腥,这罪过岂不更重了。小师父,你不要跳崖了,让我跳吧!应该谢罪赴死的是我啊!"

屠夫一念忏悔心生起,就毫不迟疑地纵身朝悬崖一跳,眼见就要命丧深谷时,一朵祥云冉冉从幽谷中升起,不可思议地托住了屠夫的身子,救回了他的生命。

这个"放下屠刀,立地成佛"的含义,正是显示修行忏悔的稀有殊胜。真诚的忏悔,可以洗除我们无边的罪孽,还给我们本来清净的面目,譬如磨镜,垢去而光现。

四、行为上的忏悔与心理上的忏悔

我们平日在身、口、意三业上,不知造了多少的罪业:身体所造的罪业如杀生、偷盗、邪淫;口说所造的罪业如妄语、恶口、两舌、绮语;心想所造的罪过如贪欲、瞋恚、愚痴。这些身、口、意行为上所造的恶事,称为"十恶",也就是十种过失。

自古以来，有许多大德撰写过不少忏悔偈文，无非是劝世人去除三业上的过失。譬如梁朝简文帝曾作过《六根忏悔文》，为眼、耳、鼻、舌、身、意忏悔；梁武帝也作过《摩诃般若忏悔文》《金刚忏悔文》；对声韵学有极大贡献的文士沈约，也作过忏悔文；陈文帝作过《妙法莲华经忏悔文》；宝志禅师作过《梁皇宝忏》；悟达国师作过《慈悲三昧水忏》，历代各朝文士君主的类似作品不计其数，可知不仅出家人要修持忏悔，一国之君要行忏悔，甚至全国国民都要行忏悔，如此国民道德必然高尚，社会风气也会和谐。

佛教徒如何从行为上忏悔呢？我们可以随时随地从下面四种行为上，成就自己的惭耻正觉：

1. 说好话来忏悔：无论对什么人、什么事，都抱着慈悲喜舍的心情，以好话去赞美，这就是忏悔。佛经上说："甘露及毒药，皆在人舌中。"为人好口齿，既能助长他人善根，又能增益自己德行，何必吝啬呢？

2. 捐善款来忏悔：如修桥铺路、冬令救济等多行布施，多做功德，既能驱伏贪爱，又可以惠施众生，也是一种忏悔。

3. 勤劳服务来忏悔：发心为大众服务，到寺庙发心劳作，来忏悔自己的罪业，《法句经》上说："履仁行慈，博爱济众，有十一誉，福常随身。"这种忏悔方式，也是种福田。

4. 成就他人来忏悔：多为别人着想，多成就他人好事，譬如撮合别人的美满姻缘，使天下有情人皆成眷属；在荷兰有一个小人国，据说建设小人国的主人，是基于当初没有满足自己的孩子希望拥有玩具的愿望，后来小孩子死了，爸爸惭愧忏悔不已，因此建了小人国，供给天下儿童游玩，来忏除自己心中的过失。

这种由心理上的忏悔,转化成行为上的乐善好施,依经典上的记载,可以有五种福报:

一者,终不远离一切圣人;

二者,一切众生,乐见乐闻;

三者,入大众时,不生怖畏;

四者,得好名称;

五者,庄严菩提。

至于心理上的忏悔,在《摩诃止观》里,也提到五种忏悔法门:

1. 忏悔:常诵念忏悔偈"往昔所造诸恶业,皆由无始贪瞋痴,从身语意之所生,一切我今皆忏悔",来消除罪业,获得内心的清净。

2. 劝请:譬如说话得罪了人,做事冒犯了人,主动地请他指教,邀他聚餐,礼请他参加各种活动。又邀请大众来做功德、做好事,劝导社会共发慈悲心,发菩提心,这也是忏悔法门。

3. 随喜:别人说话时,我们欢喜地聆听,为他助兴;别人做事时,我们高兴随缘参与,不忘给予赞美、鼓舞;此外还有随手助人,广结善缘,是随手的欢喜;随耳听话,欣赏同情,是随耳的欢喜;随眼注视,关怀慈爱,是随眼的欢喜;随心赞同,感同身受,是随心的欢喜。这种种随喜都是功德,每天欢喜快乐,就是忏悔。但是一般人常常忽视欢喜的忏悔,和别人相处时愁容满面、泪眼汪汪,把烦恼传染给别人,影响大家的情绪。为了个人的不乐,增加大家的忧虑、苦恼,实在罪过。因此我们要自己欢喜,也给大家欢喜,这就是忏悔。

4. 回向:我们自己做的功德,不敢自己独享,回向给大家共同享受,如此回自向他,就是心念上的好忏悔。譬如点一盏光明灯供养菩萨,虽然只是一件小事,但是发愿点这一盏灯,普天下的人都能照到,都能蒙受佛陀的光明,这是多么好的愿心!布施一块钱,虽然只是小小的一块钱,但是布施时,发愿将这布施的功德,解决天下人的苦恼,这种回小向大、回事向理的忏悔,是多么大的力量!("回向偈"不只是口中唱唱,还需要身体力行,真正付诸实践。)

5. 发愿:在寺院里,出家人早晚功课,常念四弘誓愿文:"众生无边誓愿度,烦恼无尽誓愿断,法门无量誓愿学,佛道无上誓愿成。"这四种发愿忏悔,就是为了永拔生死根本,无复贪恚愚痴苦恼之患。过去胜鬘夫人在佛陀授记后,恭敬地发了十大愿,成为佛教发愿的师范,这十大愿的前五愿,就是最具体的心理忏悔法门:

我从今日,乃至菩提,于所受戒,不起犯心;

我从今日,乃至菩提,于诸尊长,不起慢心;

我从今日,乃至菩提,于诸众生,不起恚心;

我从今日,乃至菩提,于他身色,及外众具,不起嫉心;

我从今日,乃至菩提,于内外法,不起悭心。

佛陀涅槃一百多年后,印度有位了不起的佛教仁王,叫作阿育王。阿育王在信仰佛教之前曾经杀人无数;学佛之后,一直想做功德灭罪。

有一次他邀请很多高僧到宫中接受供养,希望以恭敬三宝来灭罪。阿育王为了表示恭敬,便在所有僧侣面前,一一礼拜。可是当他走到一位小沙弥的面前,却为了拜与不拜而感到为难。礼拜的话,担心别人笑他一国之君,向一小沙弥礼拜;不顶礼呢,又担心对三宝不恭敬。左右为难之下,只好把小沙弥叫到无人之处,勉强屈身顶礼,并嘱咐:"我是一国国王,不能随便向人礼拜,尤其是你这么小的孩子,刚才我向你顶礼的事,千万不要告诉别人噢!"

小沙弥听了阿育王的话,默默放下受供的钵,纵身一跃,突然缩小身子,跳进了钵中,沿着钵缘游走,又跳出钵外,向阿育王一笑,如此进进出出,神通无碍,阿育王看得目瞪口呆。

小沙弥定住身后,慢慢走到阿育王面前合十,说:"大王,刚才的事,千万不要告诉别人噢!"

阿育王羞愧万分,赶快忏悔道歉。

从此阿育王对于一切出家人,不分老小贤愚,都恭敬而不起慢心了。

我们要时时忏悔身、口、意的罪业,从行为与心理上痛改前非。罪业在事相上虽然存在,但是在本性上却是没有的,佛经上说:"罪业本空由心造,心若灭时罪亦亡;心亡罪灭两俱空,是则名为真忏悔。"所以罪业如霜雪,也是因缘所生,本无自性,不过是一时的沾染滞缚,如果用般若智慧的阳光去观照它,诚心忏悔,不复再造,自然能够融化。在无生门的忏悔方法里,只要一念不生,不起一切的妄念恶想,就是真正的忏悔。如果进一步证悟到真如不动的自性,一切罪过自然不忏自除了。

佛教的忏悔主义虽然有不同的内涵与深浅的层次,但是自他无二,事理一如。为自己忏悔,即是为他人忏悔;为他人忏悔,也就是为自己忏悔,自己与一切众生是不能分开的。

有位信徒问普交禅师:"忏悔法门是为自己忏悔? 还是为他人忏悔? 若为自己忏悔,自己罪性从何而来? 若为他人忏悔,他人非我,不能替代,怎能为他忏悔?"

普交禅师思索良久,无法回答,便四处云游参访,寻求解答。一日来到泐潭禅师处,脚刚踏进门,泐潭禅师就"呵!"的大叫一声。

普交禅师不明就里,正要开口表明来意,泐潭禅师的禅杖已迎头挥了过来,普交禅师莫名其妙,只有暂时避开。过了几天,泐潭禅师找到普交禅师,对他说:"我有古德公案,想与你商量。"

普交禅师惊疑未定,一声惊诧"呵!"还来不及出口,泐潭禅师又"呵!"的大叫了一声,回音在普交禅师胸腔中震荡不绝,宛如普交禅师自己的发声,普交禅师一刹那间豁然开悟,不禁哈哈大笑。泐潭禅师看他已悟,高兴地执着他的手追问:"你会佛法吗?"

普交禅师笑着"呵!"的叫了一声,把泐潭禅师的手宕开去。

泐潭禅师知道普交禅师已经洞明"人我一如,自他无二"的忏悔法门,当下也跟着哈哈大笑起来。

忏悔是学佛者必修的法门,更是建立祥和社会的救世法宝,因此,我们要能时时抱持忏悔的态度,有清明的心胸,早日见到自己的真如自性,享受快乐解脱的人生。

1984 年 7 月 21 日讲于台中中兴堂

佛教的慈悲主义

我们要培养慈悲的口、慈悲的面容、慈悲的步伐、
慈悲的样子、慈悲的笑貌、慈悲的语言、慈悲的声音、
慈悲的眼泪、慈悲的心,使自己与慈悲融合成一体。

谈到佛教,大家总是说:"佛教以慈悲为怀。"慈悲是妇孺皆知的名词,慈悲为怀是人人耳熟能详的口头禅,但是许多人不了解慈悲的真正意义。佛教的三藏十二部经,虽然有无量的法门、教义,但是皆以慈悲为根本,尤其是大乘佛教的菩萨道,更是慈悲精神的实践与完成。《般若经》说:菩萨因众生而生大悲心,因大悲心而长养菩提,因菩提而成就佛道。如果菩萨看到众生的忧苦,不激发慈悲心,进而上求下化,拔苦与乐,是无法成就菩提大道的,因此慈悲心是菩萨行的必要条件。下面从四点来说明佛教的慈悲思想。

一、慈悲的意义与层次

一般人都知道慈悲,甚至自己也在奉行慈悲,但是对于慈悲的意义与层次却不一定能透彻了解。譬如某人做了破坏公益、伤害他人的事,必须接受惩罚时,有些人会为此人求情说:"请你慈悲饶

了他!"慈悲由宽恕包容变成了姑息纵容,实是曲解了慈悲的含意。那么慈悲的真正意义是什么呢?有人说慈悲就是爱,但是世间上的爱有污染性,处理不当时,反而变成痛苦的渊薮、烦恼的来源。慈悲是净化的爱、升华的爱,是无私而充满智慧的服务济助,是不求回报的布施奉献,是成就对方的一种愿心;集合了爱心、智慧、愿力、布施,就是慈悲。慈悲如良药,身体有了病痛,药物可以医治沉年痼疾;心理有了伤痛,慈悲的清凉法水,能抚慰受创的心灵。慈悲如船筏,在茫茫无际的生死大海,有了慈悲的舟船,能够冲破惊涛骇浪,到达安乐平稳的目的地,免除在爱河欲流中灭顶的危难。慈悲好比光明,有了慈悲的光明照耀,能够破除黑暗,如实地看清世间的真相。有了慈悲的光明,人间充满着希望,前途有无限地憧憬;颠沛困顿的逆境,有了慈悲的依怙,都能化险为夷、转逆为安。

　　慈悲就像伴侣,随时陪伴在我们的身边,给我们鼓励劝勉,有了慈悲的善友,必能无事不办,所到亨通。慈悲仿佛一颗摩尼宝珠,污浊的水中放入明曜的摩尼宝珠,可以杂质沉淀、清澈见底;在复杂混乱的人间,有了慈悲的摩尼宝珠,能照破一切昏迷,化复杂为单纯,转混乱为宁静。

　　慈悲之心是万物生生不息的泉源,人间之所以使我们恋栈,是因为人间有慈悲。一个家庭如果缺乏慈悲,纵然再豪华舒适也形同冰窖;一个服务机关如果没有慈悲,即使待遇再优厚,也难留住人心。亲人彼此没有慈悲的心,形同陌路,谁也不愿经常往来。许多人在家中最好的地方供奉大慈大悲观世音菩萨,就是希望把慈悲带入家庭。

　　慈悲的层次有以下十种:

(一) 消极的慈悲、积极的慈悲

什么是消极的慈悲,什么又是积极的慈悲？1984年,台南监狱要枪决死刑犯徐东志,执行枪毙的时候,台南监狱的工作人员,都觉得自己该行慈悲,不愿意执行枪决的行动。台南监狱没办法只好递呈公文,请"司法部"转呈到"国防部",征求派遣四位宪兵来枪决徐东志。殊不知台南监狱的工作人员不肯枪毙徐东志,比较慈悲呢？还是执行枪决的四位宪兵比较慈悲？台南监狱里的工作人员,是消极的慈悲；那四位宪兵执行国家法令,枪决犯人,杀一安百,维持社会的公共秩序,这是积极的慈悲。所以我们讲到慈悲,是大仁大义,大忠大勇,对一人慈悲,而害了全体的生命安危,不是真正的慈悲,只是一时的妇人之仁。

(二) 热闹的慈悲、寂寞的慈悲

今日的社会人士有时一窝蜂地去救济、救灾,这是热闹的慈悲。如有人遭逢意外变故,或遇到水灾、火灾、地震等灾难,整个社会动员起来,发挥爱心捐献,电台、电视、报纸也争相报道,鼓动老百姓们去救灾,这就是热闹的慈悲。

我们的社会固然需要热闹的慈悲,但是更需要寂寞的慈悲,所谓寂寞的慈悲,就是默默地行善,去帮助被社会遗忘的苦难者。有更多住在穷乡僻壤的苦难灾民,甚至许多的不幸家庭,以及生活艰难、残障无依的不幸者,更需要社会大众伸出援手,默默地去施与寂寞的慈悲。

(三) 直接的慈悲、间接的慈悲

自己有力量、有钱财，直接去帮助苦难的人，是直接的慈悲。有的人很会赚钱，但自己不会行布施，别人代替他行善，则是间接的慈悲，譬如先生、儿子赚钱，太太、妈妈替他布施行善。家人间接行善固然有功德，但是我们如果能够亲自去助人，不是更能直接体会到行善最乐的好处吗？

(四) 广大的慈悲、微小的慈悲

所谓广大的慈悲，是对社会大众普遍无私地行布施，平等无别地去帮助需要帮助的人。另外，如说一句好话，帮别人一点小忙，看起来是微小的一句话、一件小事，实际上这一句话、这一件事的帮助，影响力巨大，这种瓢饭滴水的微小慈悲，也能成为广大的慈悲。

(五) 一念的慈悲、无限的慈悲

偶然生起的一时慈悲叫一念的慈悲，而诸佛菩萨的大慈大悲，就是无限的慈悲。过去有一个无恶不作的坏人叫干达多，有一天他路过一个地方，脚下一团黑黑的东西，一脚正要踏下去，定睛一看，他忽然生起一念慈悲："蜘蛛小小的生命，我又何必把它踩死呢？"于是提高脚步，向前跨出，挽救了蜘蛛的一条生命。

干达多平日穷凶极恶，做尽坏事，因此死后堕入无间地狱，接受刀剐火炼的痛苦，正当他在受苦时，突然从空中飘下一条银光闪闪、细如钢针的蜘蛛丝，这是他生前的一念慈悲，让蜘蛛免于一死，得到的果报。他见到蜘蛛丝，仿佛身陷大海见到慈航般，攀着蜘蛛丝奋力地往上爬,哪知低头一看,许多地狱众生也跟在后面攀爬,他转念一想:这么细小的蜘蛛丝,怎么负担得了众人的重量,万一蜘蛛丝断了,我不就万劫不复,永无解脱之期了吗?于是伸脚把尾随而来的同伴,一个一个踢了下去。当干达多用力踩踢同伴时,蜘蛛丝突然断裂,干达多和所有地狱众生,一起掉入黑暗无底的地狱中,再度接受地狱无尽的熬烤之苦。一念的慈悲,使万恶不赦的干达多也有得救的机会,但是不能行广大的慈悲,干达多仍要堕入地狱之中受苦。

(六)有缘的慈悲、无缘的慈悲

有缘的慈悲,是帮助和我们有血缘交谊关系的家族、朋友或乡知。无缘的慈悲,是我虽然不认识对方,和他没有任何关系,但是看到别人受苦受难,发慈悲心,给对方一些助力。有缘的慈悲容易做到,无缘的慈悲难以实践,拥有一颗无私的爱心,才能无缘大慈、同体大悲。

(七)有情的慈悲、无情的慈悲

有情的慈悲,是给对方欢喜、快乐、幸福、方便,让对方感受到人情味。无情的慈悲,如父母打骂小孩,师长处罚学生,看起来是无情,但这个无情的慈悲有时胜过有情的慈悲;有情的慈悲如春夏的阳光雨水,无情的慈悲如秋冬的霜雪寒冰,草木固然需要春夏的阳光雨水,也需要秋冬的霜雪寒冰。爱的摄受和力的折服,都是一种慈悲。

(八)有求的慈悲、无求的慈悲

有求的慈悲,是指我们对某人施惠,希望对方感恩图报于我,为我赞美几句好话,做几件好事。无求的慈悲,只希望对对方有所帮助,不求对方有丝毫的报答,是一种为善不欲人知,但求施与,不冀回报的乐行。

有位信徒请教赵州禅师说:"禅师,像您这样有修行、有慈悲心的大善知识,有没有烦恼?"

"不瞒你说,我有许多的烦恼。"赵州禅师回答。

"您这么一位有悲愿的高僧,为什么还有那么多烦恼?"信徒纳闷再问。

"因为你有许多烦恼,所以我也有许多的烦恼。如果我没有烦恼的话,那么我们彼此之间又如何交流呢?"

"禅师,您将来会不会堕入地狱呢?"信徒又追问。

"当然会堕入地狱呀!"

"像师父这样的大菩萨,为什么还会堕入地狱呢?"

"如果我不堕入地狱,地狱的众生靠谁来拯救呢?"

像赵州禅师"但愿众生得离苦,不为自己求安乐",不计一己幸福的慈悲,就是菩萨的慈悲,佛的慈悲。

(九)有相的慈悲、无相的慈悲

有相的慈悲,是指一个人行了慈悲之后,念念不忘于心,觉得我是个能实践慈悲懿行的施者,对方是接受我慈悲济助的受者,譬如梁武帝问达摩祖师:"朕印经建寺、度众出家,有多少功德?"就是有相的慈悲。无相的慈悲是《金刚经》的"无我相,无人相,无众生相,无寿者相",不着一相的慈悲,无相的慈悲没有施者、受者、施物的对立观念,甚至也没有了慈悲的意念,是一种无私无念的自然悲行。

(十) 一时的慈悲、永恒的慈悲

常人有时也能行慈悲,但是往往如朝露照日,随境而退转消失,这是一时的慈悲;诸佛菩萨的慈悲像源源不断的活水,累劫累世度众不倦,这就是永恒的慈悲。诸佛如来"三不能"中的不能度尽一切众生,因为众生如虚空般无穷无尽,如来度众的悲心慈行也绵绵无尽。地藏菩萨的"地狱不空,誓不成佛",是永恒的慈悲;观世音菩萨的"千处祈求千处应,苦海常作度人舟",也是永恒的慈悲。

慈悲的种类可以分为下列三种:

1. 众生缘的慈悲:凡夫的慈悲。以自己的父母、妻子、亲属等彼此具有因缘关系者为对象,施与对方财物、关爱。这种慈悲对象不广大,并且含有私情私爱。

2. 法缘的慈悲:二乘菩萨的慈悲。二乘菩萨认为一切诸法皆是虚幻,由缘所生,随缘度化众生,给予所需。

3. 无缘的慈悲:诸佛如来的慈悲。如来视一切众生与自己平等一如,一切有缘无缘众生都要度化摄受。

俗语说:"仁者无敌。"用佛教的话来说,就是慈悲没有对手,慈悲没有敌人,慈悲可以克服一切的磨难。什么是佛的心?能够流露出慈悲喜舍的心者,就是佛的心。我们是否具足佛性,端看我们的真如自性能不能流露出慈悲喜舍,有了慈悲喜舍的四无量心,就等同诸佛如来的佛心。

二、慈悲的对象与戒律

在科技文明发达的时代里，比科技文明更为重要的是人际沟通。如何才能做到人际间的完美沟通交流？只有实践慈悲，人际关系才能更和谐美好。

慈悲虽然重要，但是如果没有智慧为前导，有时反而会弄巧成拙，产生负效应。慈悲应用不当，会成为滥慈悲，有时应该慈悲却不知慈悲；有时看似不是慈悲的行为却是大慈悲，有时看似慈悲的举止反而不是慈悲。因此只有慈悲，没有智慧，好比飞鸟片翼、车舆单轮，无法飞翔行走，圆满成功。

所谓不应该慈悲而滥行慈悲者，如父母给儿女金钱吃喝嫖赌，看似慈悲，其实是害了孩子。孩子做错事，不加以处罚，纵子行凶，也是不当的慈悲。或者不明事理布施金钱让他人为非作歹，助纣为虐，都是不应该慈悲而慈悲。

所谓应该慈悲而不慈悲者，如看到有人破坏社会的正义公理，不能挺身而出，仗义直言，反而临阵退缩不敢去做。有人热心兴学办教育，培养青年人才，不但不参与赞助、随喜赞叹，反而加以破坏诽谤，凡此，都是应该慈悲而不慈悲。

不是慈悲而慈悲的，如杀一个强盗而救了成千上万的百姓；杀生看起来是不慈悲的，可是为了救更多的人，其实是在行大慈悲。

道教中有茅山三道士，他们本是相邀一起修道的三位师兄弟，成道后，年轻的小师弟坐在中间接受优厚的供养，而两位师兄却坐在旁边，这是什么原因呢？原来这三位师兄弟路过一个村庄时，夜宿在一户人家里，这户人家的妇女刚死了丈夫，遗下七个嗷嗷待哺的子女。第二天要上路时，小师弟对两位师兄说："你们两位前往参学，我决定留在这里不走了。"

两位师兄对师弟的言行非常不满，认为太没有志气了，出外参学，才见到一个寡妇就动心想留下来，不去修道，太没有节操了，两人气愤地拂袖而去。

这位新寡妇人自觉年轻，独自抚育七个年幼的孩子实在不容易，她看到三师弟一表人才，就自愿以身相许。师弟说："你的丈夫刚死不久，我们马上结婚实在不好，你应该先为丈夫守孝三年。"三年后，女方提出结婚的要求，三师弟又拒绝说："我现在就和你结婚实在对不起你的丈夫，让我也为他守孝三年吧！"

三师弟守孝三年之后，女方再度提出结婚的希望，三师弟说："为了彼此将来的幸福美满、心安理得，让我们共同为你的丈夫守三年孝再结婚吧！"如此经过了九年，这户人家的儿女都已长大，三师弟自觉帮忙这一家人的心意已经完成，就离开这个家庭，独自步上求道的路。这位小师弟看起来好像是贪恋繁华，为五欲所动，实际上由于他的慈悲，使他最早得道，也因此被供奉在中间，接受万民的礼拜。

印度波斯匿王的王后末利夫人，平时穿着朴素，不装扮也不喝酒。有一天她刻意打扮了自己，并对波斯匿王说："国王，请你命人准备一桌酒席，让我们来谈谈心，享受快乐。"波斯匿王很欢喜，但是心中奇怪平日守戒严谨，滴酒不沾的王后，为什么忽然想饮酒作乐呢？末利夫人和国王喝酒时，波斯匿王忍不住问道："你今天怎么想到要喝酒呢？"

王后说:"这样好吃的酒菜、饭食,恐怕以后再也吃不到了,因此要和国王好好地享受。"

"为什么呢?"

"听说这位很会煮菜的御厨,触犯了国王,你要砍他的头。"

国王突然想起昨天打猎回来,御厨因为一时怠慢,于是下令斩杀他的事。经王后的提醒,国王赶快下令赐御厨无罪。末利夫人以她的慈悲心挽救了御厨的生命,看起来好像破戒,但是这种不顾己身利益,只为他人安危着想的胸怀,正是不是慈悲而慈悲的菩萨行。

说谎打诳语本来是犯戒的恶行,但是出于爱护对方的方便诳语,有时反而是一种慈悲。如医生安慰绝症的病人,说他病况很安稳,老百姓向恶徒谎报假消息,都是一种不是慈悲而慈悲的行为。

有一位修道人在山里修行,猎人追赶着野鸡,野鸡为了逃命,躲到修道人的袈裟下面。猎人问修道人说:"你有没有看到我追赶的野鸡?"修道人若无其事的回答:"没有。"这种诳语看起来是说谎,可是为了挽救一条生命,他表现出的其实是诸佛菩萨的无缘大慈,同体大悲。不是慈悲的,有时候是慈悲;是慈悲的,有时候反而不是慈悲。譬如放生本来是慈悲,但是放生不当反而成为杀生的愚行。曾经有人从国外买食人鱼回来放生,乍看之下他好像在行慈悲,可是食人鱼放在水中不仅会吃鱼虾,更可能吃人害生,这能算是慈悲吗?有些人为了表示慈悲,到处放生,但是放出去的动物水族,由于生存环境的改变,一时不能适应,因此而丧命的更是不胜枚举。有些社会人士买了乌龟放生,可是乌龟却把放生池里的鱼咬死了,看起来是行慈悲,实际上是不慈悲。商人为了因应顾客放生,于是到处捕捉鱼、鸟、乌龟来卖,这是慈悲吗?没有智慧的放生,害死的生命更多。

今日的社会充满暴戾残忍的现象,如何才能改良社会这种凶暴之气呢?心需要慈悲。佛教有一句诗说:"欲知世上刀兵劫,但听屠门夜半声。"社会这种残杀的现象,是我们的凶残劣行,如乌云般把慈悲的本性掩盖了,杀害生灵习以为常,杀戮人类生命,引起悲惨的大战争,也就不以为意了。

每年春天来临,那些路过恒春的候鸟,总会遭到残忍地捕杀,我们从来没有想到对嘉宾应该友善有礼,反而理直气壮地杀害它们。白居易的诗说:"劝君莫打三春鸟,子在巢中望母归。"为了我们一时的口腹之欲,而拆散别人的骨肉,何其残酷!

如何行慈悲,要注意两点:

第一,要建立自他互易的观念:换个立场为别人着想,就能兴起慈悲的念头。过去有个外国人喜欢打猎,捕杀无数的动物。有一次打猎迷了路,被野人抓住,野人把他吊起来,升起熊熊烈火,打算烤吃他,这时他才想起自己过去打猎杀害弱小动物时,它们所受的苦楚。黄山谷有一首诗说得很好:"我肉众生肉,名殊体不殊;原同一种性,只为别形躯。苦恼从他受,甘肥任我须;莫教阎老断,自揣应如何?"一切众生和我本来为一体,大地众生皆有佛性,只因为身躯的不同,就将它残杀吃食,把自己的快乐建筑在众生的痛苦上,不用阎罗王来断罪,我们自己想想也知道不应该;如此而仍不知慈悲,真是禽兽不如了。

第二,要建立怨亲平等的观念:众生和我本为一体,骨肉血缘的至亲固然要爱护,即使是仇人债主也要平等纳受,甚至要视冤家寇雠如同亲眷家族,能够如此泯除仇恨之心,慈悲之念自然产生。古人说:"为鼠常留饭,怜蛾不点灯。"古人为了怜悯老鼠饥饿无食,特地留下剩饭;为了慈恤飞蛾扑火,不敢轻易点灯。在慈悲之前,原本令人厌恶的老鼠也得到了难得的关爱。

三、慈悲的力量和价值

只要我们有一念之慈,万物皆善;只要我们有一心之慈,万物皆庆。一念慈悲,不会伤害万物,万物当然欢喜;一心来实践慈悲,万物受到爱护,当然就会庆幸。"一人慈悲,众皆伴侣",如果一个人实践慈悲,大家都可以做我们的朋友。"万人慈悲,法界一如",如果社会大众都能慈悲,普天之下就能如兄弟手足一般相亲相爱。

佛教的慈悲,不仅是微笑、赞美而已,有时严厉的折服也是慈悲。我们到寺院拜佛时,一进山门,会看到一尊笑容满面、身躯胖大的弥勒佛,坐在山门口欢喜地迎接我们,这叫做慈悲的摄受;但是进了山门之后,在弥勒佛的后面,有一位手拿金刚降魔杵,身穿盔甲,看起来勇猛威武的韦陀护法天将,就是以威力的慈悲来折服我们的烦恼。

有的人在爱的慈悲鼓励中可以进步,有的人在严厉的折服里有所警惕。好比春天的和风、夏天的雨水,固然能使万物生长;秋天的严霜、冬天的寒雪,也能使万物成熟。如《禅林宝训》云:"煦之妪之,春夏所以生育也;霜之雪之,秋冬所以成熟也。"以爱的慈悲去摄受众生,一般人比较容易明了,以力的慈悲来折服众生,可能难以理解。

日本空也上人出外弘法时,经过一条山路,突然窜出凶狠的强盗,拿刀向他要过路费。空也上人看了之后,不觉掉下眼泪,强盗们一看哈哈大笑:"这么一个贪生怕死的出家人。"

空也上人回答说:"我是想到你们,年轻力壮不为社会做有意义的事,却成群结党去打家劫舍,眼看将来就要堕入地狱去受苦,因此替你们着急才流下眼泪。"

强盗们听了空也上人如此慈悲的言语,终于抛弃贪妄瞋恨的心,后来成为空也上人的弟子。无论如何强暴斗狠的土匪强盗,在慈悲之前,也会被感化成柔顺善良的百姓,慈悲的力量真是无坚不摧、无难不克。

恒顺禅师在佛殿打坐时,有一个小偷蹑手蹑脚走进佛殿,小偷看到大殿上摆有一袋七月十五盂兰盆会供僧的米,就伸手偷拿了米,正要举步离开时,禅师突然睁开眼睛大喝一声:"站住!"

小偷惊诧地站在原地,不知如何是好,忽然听见禅师说:"你拿走佛祖的米,不道声谢谢就走了吗?"

小偷一听,转头向佛祖圣像,漫不经心地应了一声:"谢谢!"

然后扛着那一袋米大摇大摆地走了。小偷不久被警察抓到了,招供之后,警察把他抓来见恒顺禅师说:"他是否偷了寺庙里的东西?"

"没有呀。"恒顺禅师平静地回答。

"和尚,你不用为他隐瞒,他已经一五一十对我们招供了。"

"这个人确实到寺庙拿了一袋米,但是他不是偷窃,而是向佛陀借用,因为他临走时曾经向佛祖道声谢谢。"这个小偷听到恒顺禅师为他如此辩白,心里很感动,服完刑后,就跟着恒顺禅师出家,成为一位很好的修道者。

慈悲的力量究竟有多大？世界上的人，依身份的不同而有不同的依靠力量，如小孩以哭叫为力量：他要出去游玩，大人不满他的意，他"哇"的哭闹起来，大人没办法只好抱他出去溜达；女人以撒娇发嗔为力量：只要太太一生气，先生就六神无主了；国王以权势为力量；罗汉以精进勇猛为力量；佛菩萨则以慈悲为力量。大众如果也能有慈悲的心，由慈悲所发挥出来的力量，可以克服世间一切的困难，无往而不利。

佛教的教主释迦牟尼佛放弃了世间的荣华富贵、王位威势，没有武器，没有权力，只是凭着一颗慈悲的心，却降服了全印度。顽逆的提婆达多，因佛陀的悲心，乖乖地俯首忏悔；凶恶残暴的狂象，见到佛陀慈悲的样子，驯服地跪在佛陀面前；丧智好杀的鸯掘摩罗见到慈悲的佛陀，也放下屠刀，皈顺在佛陀的座下。因此世界上最强大的力量，不是刀枪武器，更不是权位势力，而是慈悲的力量。佛陀的慈悲，曾经让众生得到庇护安乐，现在他的慈悲思想，更引导着全世界人类，迈向光明幸福的康庄大道。

在我们日常的生活中，有许多贪欲的烦恼、瞋恨的烦恼、骄慢的烦恼、恐怖的烦恼，扰乱着我们的心，使我们的生活不得安宁。如何对治这些烦恼呢？

一念的慈悲可以化除贪欲，一念的慈悲可以化除瞋恨，一念的慈悲可以化除骄慢，一念的慈悲可以化除恐怖。譬如淫欲心重的人，看到女性，生起一念慈悲，把她当作自己的母亲或姐妹；看到男性，把对方视同自己的父亲或兄弟，淫欲的心自然会熄灭下来。在钱财方面，常常思想我应当多布施别人一点，我应当多帮忙别人一些，抱着慈悲喜舍的心，贪欲的心怎么会生起呢？瞋恨心起来时，可以观想殿宇中大慈大悲的佛菩萨圣像,慈心一发,瞋恨之火自然止熄。有一首诗说:"慈心一任蛾眉妒,佛说原来怨是亲;雨笠烟蓑归去也,与人无爱亦无瞋。"瞋恨心、骄慢心生起时,慈悲是最好的对治方法,忍耐是最好的对治方法。

梦窗国师有一次搭船渡河,要到信徒家里做佛事,当船正要开航离岸时,有位带着佩刀、拿着鞭子的将军,站在岸边大声喊道:"喂!等一下,载我过去!"

全船的人说:"船已经开了,不可以再回头。"

梦窗国师说:"船家,船还没有走多远,给他方便,回头载他吧!"撑船的人看到是一位出家人说情,就回头让那位将军上了船,哪里知道这个将军一上船,看到船里坐着一位出家人,就拿起鞭子抽打梦窗国师说:"和尚!闪开一边去,把座位让出来!"

这一鞭重重地打在梦窗国师的头上,血汩汩地流了下来,国师一言不发把位子让了出来。大家看了都非常害怕,噤若寒蝉。船开到对岸,梦窗国师跟着大家下了船,走到江边,默默地把凝结的血块洗掉。这位蛮横的将军觉得对不起梦窗国师,于是上前跪在国师面前忏悔,国师心平气和地说:"不要紧,出外人心情总是急躁些。"

是什么力量降服了这位骄慢粗鲁的将军?是慈悲的力量。慈悲的力量可以化解瞋恨为和平,转变暴戾为祥瑞。在慈悲之前,顽石也会点头,强盗也能被感化。

四、慈悲的实践与完成

慈悲不仅是理念上的了解,慈悲更应该是行动的实践。孔子的"有教无类",是对受教者无别的一种爱心,也就是慈悲心。杜甫曾发愿说:"安得广厦千万间,尽庇天下寒士俱欢颜。"有了千万间的华宇美屋,就可以让天下居无定所的人,有一个遮蔽风雨的地方,这也是一种慈悲心。

孟尝君门下有食客三千人,他对贫苦的朋友有慈悲心,因此许多名士都来投靠他。沩山灵佑禅师,临终示寂时,告诉弟子:"我不求往生西方极乐世界,也不希望转世天国乃至再来做人。我发愿来世出生为水牯牛,替大家服务,为众生代劳。"灵佑禅师这种"欲为佛门龙象,先做众生马牛"的心就是慈悲心。

佛教中有位菩萨,叫作代受苦菩萨。为什么这位菩萨叫作代受苦呢?因为他有慈悲心,愿意为众生承受一切的苦难。释迦牟尼佛过去生曾割肉喂鹰、舍身饲虎,修持各种的慈悲利行。佛陀的慈悲济生,就是代受苦菩萨的化身。他曾出生为一条大龙,这条大龙曾经受过五戒,有一次在它熟睡的时候,许多蚁虫附在它身上,吃它的肉。大龙被咬得痛醒过来,一看这么多蚁虫在啃噬它的肉,心想如果它稍微一翻动,势必会压死这许多的生命,自己受过戒律,怎么可以轻易杀生呢?因此忍受着被蚕食的痛苦,一动也不动,用它的血肉生命与蚁虫结缘。虽是畜生的龙类,有时却比人类更有慈悲心。

老鹰捕捉小鸡,母鸡虽然明知不是老鹰的对手,但是为了保护小鸡,不得不奋力抵抗,这是慈悲。蛇通常是卵生的,但是有一种胎生的毒蛇,当它要生产时,会寻找一种尖锐的竹子,让自己刺上利竹,剖开肚子生下小蛇,母亲这种牺牲自己的行为也是慈悲。

台湾三义铜锣附近的高速公路上,曾经发生一件连环大车祸,其中有一家人全家罹难。当救护人员用力撬开毁损的车子时,忽然听到车内有孩子的哭声,赶紧上前仔细一瞧,原来有一个小孩子,正躺在奄奄一息的母亲怀中。大家七手八脚将襁褓中的孩子抱起来,此时弥留中的母亲,突然睁开眼睛,气如游丝地看着救护人员说:"拜托你了。"然后溘然长逝。是什么力量使这位母亲忍耐到最后一刻呢?是慈悲的力量。

这个宇宙充满了慈悲,我们要懂得欣赏,学习接受,如果不能体会相应,纵然佛陀出现眼前,也无法领略慈悲的可贵。有位信徒信佛虔诚,有次遇到水灾,大水漫淹屋中,他只好爬到屋顶上避水,水慢慢地涨高,终于淹到了他的脚下,他急忙地念道:"大慈大悲救苦救难观世音菩萨赶快来救我呀!"正当他声嘶力竭高声求救的时候,突然发现有位原住民驾了一艘独木舟过来救他:"快上来,我载你到安全的地方。"

可是他却骄慢地说:"我不要你救我,我要观世音菩萨来救我。"那人只好悄悄地驶走。洪水继续上涨,涨到了腰部,他很着急地念:"观世音菩萨赶快来救我哟!"危急中,一片茫茫大水里,有人开来了一艘快艇,好心地说:"哎呀!好危险哪!赶快上来。"

"哼!我一生最讨厌科技文明,凡是机械的东西我都不喜欢,我要我所信仰的观世音菩萨来救我。"

快艇上的人碰了个软钉子,只好"噗!噗!"又开走了。洪水渐渐涨到了这人的胸部,他仍然仰天大喊:"菩萨来救我!"眼看危在旦夕,突然空中来了一个外国人,驾着一架直升机来救他:"喂!我放下绳子把你吊上来,再不走就来不及了。"

"你是外国人,我讨厌你。"这人顽固地拒绝。

结果这位信徒终于被淹死了。由于信仰坚定,死后往生到西方极乐世界,见到了阿弥佛陀之后,向阿弥陀佛抗议说:"像我这般虔诚,一心称念观世音菩萨的圣号,可是菩萨却没有来救我。"

阿弥陀佛告诉他:"当你被水淹到脚下时,观世音菩萨赶忙派条独木舟去救你,你却嫌对方是原住民不喜欢;菩萨不得已,只好再派艘快艇去救你,你又厌弃机械文明不肯上艇;眼看水已经快要淹到你的头部,观世音菩萨火速派架直升机去搭救你,你又不愿意。菩萨一次一次慈悲地救你,你不但不能感恩,还嫌这怪那的,怎能说菩萨没救你呢?"

"溪声尽是广长舌,山色无非清净身",宇宙之间充满无限的生机,哪一样不是菩萨的现身,哪一样不是菩萨慈悲的显现呢?

如何才能实践慈悲,完成慈悲?

我们应该和诸佛菩萨一样地慈悲,我们的一双手,要变成慈悲的手,"愿将双手常垂下,抚得人心一样平"。我们有两只眼睛,要使眼睛变成慈悲的眼睛,慈眼等视众生,我们要培养慈悲的口、慈悲的面容、慈悲的步伐、慈悲的样子、慈悲的笑貌、慈悲的语言、慈悲的声音、慈悲的眼泪、慈悲的心,使自己与慈悲融合成一体,不但我们自己要慈悲,进一步还要使整个宇宙都充满慈悲。天上的云是慈悲的云,覆盖着我们;大地是慈悲的花草、慈悲的树木,向着我们微笑,给我们荫凉;世间到处是慈悲的路、慈悲的桥、慈悲的山、慈悲的水。

我们要以布施、爱语、同事、利行的四摄法来行慈悲,我们要以自他互易的观念来行慈悲,我们要抱持人我一如的胸怀来行慈悲,我们要以冤亲平等的修持来行慈悲,我们要以"常乐柔和忍辱法,安住慈悲喜舍中"的愿行,来完成慈悲的无上佛道,努力做一个慈悲的人，把家庭建设成慈悲的家庭，使我们的社会成为慈悲的社会，国家是慈悲的国家，娑婆世间是个充满慈悲的国土，让爱心遍宇宙，慈悲满人间。

1984年7月20日讲于台中中兴堂